DOMINIK GROSSE HOLTFORTH

Zitruspflanzen

PFLANZEN – PFLEGEN – ERNTEN

MIT KOSMOS MEHR ENTDECKEN

Mit Zitrus-Pflegekalender

SEIT 1822

KOSMOS

Inhalt

Die Wegweiser zur Zitruspracht

1. SCHRITT
alles im Überblick

Am Anfang des Kapitels finden Sie das Wichtigste auf einen Blick. Seitenverweise führen Sie gezielt zu den ausführlichen Informationen.

2. SCHRITT
alles Wissenswerte

Abgeschlossene Doppelseiten bieten weiterführende Informationen zu den Themen. Entweder lesen Sie von hier aus weiter oder Sie gehen zurück zur Übersichtsseite, um das nächste Thema auszuwählen.

3. SCHRITT
alle Extras

Das könnte Sie auch noch interessieren, denn hier finden Sie Themen, die über das Wesentliche hinausgehen. Diese Seiten sind kein Muss, machen aber neugierig und Lust auf mehr.

GESTALTUNG

PRAXIS

alles im Überblick

alles Wissenswerte

alle Extras

PORTRÄTS

alles im Überblick

alles Wissenswerte

alle Extras

SERVICE

IDEENREICH & KREATIV

Gestaltung

Wo die Zitronen blühen

S. 8

Zitrus für Einsteiger

Die Pflege von Zitruspflanzen ist ganz einfach, und die große Vielfalt dieser Pflanzenfamilie hält eine Fülle an Sorten bereit, die sowohl für Einsteiger als auch für kleine Balkone und Terrassen geeignet sind. Damit ein Land entsteht, wo die Zitronen blühen, präsentieren wir Ihnen die wichtigsten Erfolgsfaktoren für den Zitrusgarten.

S. 14

Klassische Zitrusgärten

Zitruspflanzen sind Kulturpflanzen mit einer jahrtausendealten und internationalen Geschichte. Aus Südostasien stammend, haben sie ihren Siegeszug durch Indien, die arabische Halbinsel und schließlich Europa und Amerika genommen.
In Zeiten größter Bewunderung für diese exotischen Pflanzen entstanden klassische Zitrusgärten und Orangerien, die noch heute Vorbild für die Gartengestaltung sind.

S. 18

Zitrus auf Balkon und Terrasse

Heute finden Zitruspflanzen ihren Platz auf immer mehr Balkonen und Terrassen. Es gibt sie in vielen Größen und Formen, einige Sorten sind pflegeleicht, andere etwas für fortgeschrittene Zitrusgärtner. Wie Sie mithilfe von Zitruspflanzen aus Ihrem Balkon und Ihrer Terrasse ein mediterranes Paradies gestalten können, lesen Sie ab Seite 18.

S. 26

Zitrusfrüchte ernten und genießen

Die Zitruspflanzen belohnen eine unkomplizierte Pflege im Frühjahr und Sommer und eine artgerechte Überwinterung mit tollen Früchten. Diese machen neben den duftenden Blüten und dem edlen Laub die große Attraktivität der Zitrusfamilie aus. Lesen Sie hier alles, was Sie für die erfolgreiche Zitrusernte wissen müssen.

S. 20

Töpfe für edle Pflanzen

Die meisten Zitruspflanzen sind nicht winterhart. Daher sind sie auf Pflanzgefäße angewiesen, in denen sie wachsen und gedeihen. Die Töpfe und Kübel müssen zweckmäßig sein, aber natürlich ist auch der ästhetische und gestalterische Aspekt der Topfauswahl wichtig.

Zitruspflanzen für Einsteiger

Zitrus für Einsteiger. Wer träumt nicht – wie einst Goethe – vom Land, wo die Zitronen blühen? Dieser Traum, der Traum von der eigenen Orangerie, kann wahr werden. Wunderschöne, zart duftende, weiße Blüten, üppige und aromatische Früchte, die vor edel dunkelgrünem Laub in Gelb oder Orange mit der Sonne um die Wette strahlen – diese Eindrücke und Genüsse machen Zitruspflanzen so reizvoll. Hochphasen der Verehrung der edlen Zitruspflanzen können noch heute vielerorts bewundert werden: Prächtige Orangerien in Nordeuropa sind heute noch kleine Paläste für Orangen, Zitronen und Co. Zitruspflanzen auf Balkonen und Terrassen sind immer häufiger der ganze Stolz ihrer Besitzer. Um mit Zitronen, Orangen oder Limetten erfolgreich zu sein, sollten sich Zitrus- oder Orangerie-Gärtner mit den Besonderheiten dieser außergewöhnlichen Pflanzen beschäftigen.

Eine üppige Zitrusernte ist die Belohnung für einen passenden Standort und die richtige Pflege.

So klappt's garantiert

— **Ein Platz an der Sonne:** Zitruspflanzen stammen ursprünglich aus dem südlichen bis südöstlichen Asien. Sie werden rund um den Erdball im sogenannten Zitrusgürtel angebaut, der nördlich und südlich vom Äquator zwischen dem 20. und 40. Breitengrad liegt. Zitruspflanzen sind daher überwiegend nicht frost- und winterhart und benötigen möglichst viel Sonne und Wärme. Ein Platz draußen auf dem Balkon, auf der Terrasse oder im Garten ist die erste wichtige Voraussetzung.

Zitronenbäume liefern immer wieder zahlreiche Früchte, mit denen Sie sich sogar selbst versorgen können.

Calamondin, eine Mischung aus Mandarinen und Kumquat, sind besonders pflegeleicht und attraktiv.

Sonnig und warm muss dieser Platz sein, an dem die Zitruspflanzen im Frühjahr, Sommer und Herbst aufgestellt werden. Im Winter dagegen schützt ein frostfreies, aber kühles und helles Winterquartier nicht nur vor Minustemperaturen, sondern hilft auch der Pflanze, in Winterruhe zu gelangen. In der Winterruhe benötigt sie weniger Licht und kommt mit dem trüben Wetter nördlich der Alpen zurecht.

— **Weniger ist mehr:** Als exotische Pflanzen haben Zitruspflanzen ihren eigenen, speziellen Vegetationszyklus. Noch stärker als bei unseren heimischen Garten- und Balkonpflanzen hängt dieser Zyklus von den klimatischen Bedingungen ab. Jedes Jahr verläuft bedingt durch die unterschiedlichen Wetterlagen anders. Diese führen auch dazu, dass Zitruspflanzen häufig wechselnde Bedürfnisse an die Pflege stellen. Insbesondere das Gießen und Düngen hängt sehr von Temperaturen und Sonnenstunden ab. Für Orangerie-Gärtner ist es also wichtig, die Bedürfnisse der Pflanzen gut zu kennen, um sie nicht über-, aber auch nicht unterzuversorgen. Die gute Nachricht ist: Zitruspflanzen sind genügsam, häufig ist weniger mehr.

— **Auf den Kübel kommt es an:** Als nicht frostharte Balkon- und Terrassenpflanzen hält man Zitruspflanzen besser als Kübelpflanzen. Diese Kultur im Kübel ist nicht mit der Kultur im Beet vergleichbar. Mit einem passenden Pflanzgefäß wird der langfristige Erfolg gesichert und maßgeblich unterstützt. Bei gutem Pflegeerfolg wachsen Zitruspflanzen hervorragend, dabei ist das regelmäßige Umtopfen eine wichtige Voraussetzung für das optimale Pflanzenwachstum und gute Zitrusernten.

BESONDERE EXOTEN

Zitruspflanzen sind exotische Pflanzen, die aus südlichen Klimazonen stammen und spezielle Bedürfnisse an den Standort stellen. Daher ist bei der Pflege vor allem das Wissen über Herkunft und Botanik wichtig.

Gut platziert – mit Zitruspflanzen gestalten

Schöne, gesunde Zitruspflanzen, die alljährlich leckere Früchte voller Aroma liefern – das kann jeder erreichen, der sich intensiver mit diesen beliebten Pflanzen beschäftigt. Neben der Pflege ist die Gestaltung mit Zitruspflanzen ein besonderes Vergnügen. Da Orangerie-Pflanzen im Kübel kultiviert werden, lassen sich Jahr für Jahr, Terrassensaison für Terrassensaison neue Gestaltungen kreieren. Die folgenden Grundregeln der Pflanzengestaltung helfen dabei, tolle Kübelpflanzen-Gärten zu gestalten:

Für jede Pflanze den richtigen Standort

Pflanzen sind Individualisten: Schöne, abwechslungsreiche Gestaltungen beziehen unterschiedliche Pflanzen mit ein und enthalten attraktive Kombinationen von Zitruspflanzen sowie anderen Balkon- und Terrassenpflanzen. Häufig kommen die gesammelten Pflanzen aus vielen Klimazonen und Erdteilen und haben durchaus unterschiedliche Anforderungen an den Standort. Diese Anforderungen sollten Sie bei Ihrer Pflanzengestaltung unbedingt berücksichtigen, damit Sie lange Freude an Ihrer Terrassen- und Balkongestaltung haben. Wichtige Aspekte sind die Größe und der Umfang der Pflanze, das Wachstum der Pflanze im Verlauf eines Sommers und über mehrere Jahre, der Bedarf an direktem Sonnenlicht und die Häufigkeit der Bewässerung.

Der richtige Platz

Terrassen und Balkone haben in der Regel begrenzten Platz, auf dem nicht nur Pflanzen, sondern auch Sitzgelegenheiten und andere dekorative Elemente untergebracht werden können. Umso wichtiger ist es, den vorhandenen Platz effektiv zu nutzen. Insbesondere Regale, Sideboards und anderer Stauraum können helfen, mehr Platz zu schaffen.
Bei den Pflanzen gilt, dass die Aufstellung sowohl nach ästhetischen und nach botanischen

GARTENSCHERE

Ein gedeihender Zitrus- und Kübelpflanzengarten kann bei einzelnen Sorten durchaus zu einem beachtlichen Pflanzenwachstum führen – was wiederum zu Platz- und Lichtproblemen führt. Daher sollte die Garten- oder Rosenschere stets griffbereit sein, um allzu üppig wachsende Pflanzen in Form zu halten.

Seine ganze Wirkung entfaltet ein Zitrusgarten, wenn man viele Farben und Formen miteinander kombiniert.

Aspekten erfolgen sollte. Natürlich geht die Botanik vor, denn sonst verlieren die Pflanzen schnell ihren ästhetischen Wert. Die Botanik erfordert vor allem bei den Zitruspflanzen, aber auch vielen anderen mediterranen Kübelpflanzen, dass alle Pflanzen mit ausreichender Sonne versorgt werden. Daher sollten große Pflanzen in der Sonnenscheinrichtung hinten, kleine Pflanzen vorne stehen. Ästhetische Gesichtspunkte der Pflanzenaufstellung machen eine abwechslungsreiche Aufstellung interessant. Wichtig ist zudem, dass sich die Pflanzen gegenseitig nicht beschatten.

Töpfe und Pflanzgefäße

Die Auswahl von Töpfen und Pflanzgefäßen erfolgt nach funktionalen und ästhetischen Aspekten. Töpfe müssen vor allem standfest sein und den Bedürfnissen der Pflanze in Bezug auf Bewässerung und Substrat-Temperatur entsprechen. Sie dürfen gerne farblich und gestalterisch abwechslungsreich sein und den Stil der Gesamtgestaltung unterstreichen.

Bewässerung

Die ausreichende und angemessene Bewässerung der Zitrus- und Kübelpflanzen ist eine wichtige Voraussetzung für ein langfristiges Gedeihen der Terrassen- und Balkongestaltung. Die Bewässerung sollte daher schon zu Beginn der Terrassen- und Balkonsaison bedacht werden, damit alle Pflanzen erreichbar sind. Gut ist es, rechtzeitig an die Urlaubszeit zu denken. Denn es ist wesentlich bequemer, eine Bewässerungsanlage zu verlegen, bevor die Pflanzen auf Balkon und Terrasse kommen.

Die Mischung macht's

Damit ein eigener Zitrusgarten besonders schön wird, helfen die Grundlagen der Pflanzen- und Gartengestaltung. Diese kombinieren praktische mit ästhetischen Aspekten und erleichtern auf diese Weise das Gestalten mit Pflanzen, auch mit Zitruspflanzen.

Nutzer und Nutzung

Zunächst ist es sinnvoll, sich zu überlegen, welche Funktion der Zitrusgarten haben soll. Wird eine eigene Sammlung mit besonders vielen verschiedenen Sorten aufgebaut oder sind die Zitruspflanzen eine Ergänzung in einer Sammlung unterschiedlicher Kübelpflanzen? Wollen Sie in erster Linie Früchte ernten oder möchten Sie besonders exotische Pflanzen genießen. Es macht zudem einen Unterschied, ob kleine Kinder auf der Terrasse oder im Garten spielen oder ob dort häufig viele erwachsene Gäste zu Besuch sind.

Abwechslung ist angesagt

Eine Gestaltung mit Pflanzen ist besonders schön, wenn sie für möglichst viele Sinne abwechslungsreiche und attraktive Einflüsse ermöglicht. Bei Zitruspflanzen machen vor allem die optischen und die olfaktorischen Eigenschaften die Attraktivität der Pflanze aus, später – wenn Früchte geerntet werden können – ebenso der geschmackliche Reiz. Eine schöne Abwechslung all dieser Reize ist ausschlaggebend für eine aufregende Gestaltung. So lassen sich die Pflanzen nach Größe, nach der Farbe der Früchte und manchmal auch nach dem Farbton des Laubs aufstellen. Da Zitruspflanzen unterschiedliche Blüh- und Reifezeitpunkte haben, können diese Aspekte abwechselnd kombiniert werden.

Die Könige im Zitrusgarten

Bei jeder Pflanzengestaltung ist es hilfreich, wenn einzelnen Pflanzen die Rolle von Leitpflanzen zugewiesen wird. Leitpflanzen geben einen äußeren Rahmen und bestimmen die Struktur einer Gestaltung. Leitpflanzen lassen das Auge ruhen und laden es ein, den Blick schweifen zu lassen. Leitpflanzen können solitär – also einzeln – die Gestaltung prägen oder in symmetrischen oder asymmetrischen Gruppen. Wie viel Symmetrie herrscht, ist vor allem eine Frage der Gesamtgestaltung und an welchem Gartenstil man sich dabei orientiert.

Klasse statt Masse

Neben den Leitpflanzen kommt den Füllpflanzen eine wichtige Rolle zu. Sie prägen mit ihrem Laub und ihrem üppigen Blütenflor den Gesamteindruck und füllen den Rahmen, den die Leitpflanzen vorgeben. Im Zitrusgarten liegt es nahe, Stauden und andere „füllige“ Kübelpflanzen in die Gestaltung mit einzubinden. Wenn man aber einen reinen Zitrusgarten wünscht, können ebenfalls Gruppen von Büschen oder Stämmchen mit runden Kronen die Rolle der Füllpflanzen übernehmen.

Begleiter im Zitrusgarten

Besonders reizvoll ist ein Zitrusgarten, wenn die Zitruspflanzen als Leitpflanzen von anderen mediterranen oder exotischen Kübelpflanzen begleitet werden. Hier ist wieder der gewählte Garten- oder Gestaltungsstil ausschlaggebend. Klassische mediterrane Kombinationen ergeben sich vor allem mit Olivenbäumen, Feigen und Granatapfelbäumen. Ein Weinstock und Palmen gehören für viele zu den klassischen Botschaftern des Mittelmeerraums. Üppig blühende Oleander, bunt leuchtende Bougainvilleen und die unermüdlich Blüten produzierenden Wandelröschen stehen eher für eine subtropische Pflanzengemeinschaft, die aus Balkon und Terrasse einen kleinen Dschungel macht. Als füllende Begleiter eignen sich in jedem Fall elegante *Agapanthus* und üppiger Lavendel sowie andere Kräutertöpfe, die nicht nur optisch, sondern auch aromatisch eine große Bereicherung sind.

Spaliere sind eine klassische Kulturform für Zitronenbäume, die man vor allem in der Toskana findet.

Farbenfroh wird es, wenn Sie gelbe und orangefarbene Zitrusfarben mit bunten Bougainvilleen kombinieren.

Das ist die klassische Orangeriekultur – prächtige Zitruspflanzen vor einer wunderschönen Orangerie – wie hier im Schloss Pillnitz bei Dresden in Sachsen.

Klassisch ist in

Die jahrtausendelange Kulturgeschichte der Zitruspflanzen besteht aus einer von Kontinent zu Kontinent fortschreitenden Verehrung dieser besonderen Pflanzengattung. Vor allem in Europa war diese im Barock und in der Renaissance groß, in der Zeit also, in der die heute noch zu bestaunenden Zitrusgärten und Orangerien entstanden. Diese klassischen Zitrusgärten können für die eigene kleine, heimische Orangerie Vorbild sein, wenn auch die Dimension kleiner sein dürfte. Für die klassische Gestaltung ist vor allem wichtig, die Geschichte von Herkules und den Hesperiden, die Geschichte des „Orangenwahns" zu kennen.

Äpfel der Hesperiden

In den antiken Sagen über den Held Herkules gehörte zu dessen heldenhaften Prüfungen der Diebstahl der Goldenen Äpfel der Hesperiden. Da Herkules für alle barocken Fürsten ein wichtiges Vorbild an Klugheit und Kampfeskraft war,

war jedes Mittel recht, um einen Vergleich zwischen dem Herrscher und Herkules, dem antiken Supermann, herzustellen. Und da kamen Zitruspflanzen wie Pomeranzen und Orangen ins Spiel, die mit den kostbaren mythischen Äpfeln verglichen wurden. Wer diese besaß, konnte sich unmittelbar mit Herkules vergleichen. Zugleich konnte mit Zitruspflanzen eine wichtige Aussage der barocken Gartenkultur zum Ausdruck gebracht werden: die Beherrschung der Natur durch den Menschen. Ein König oder Fürst, der Zitruspflanzen besaß, präsentierte Pflanzen, die gleichzeitig blühten und Früchte trugen und damit „übernatürlich" zu sein schienen.

Die schönsten Zitrusgärten

Klassische Zitrusgärten sind vor allem die formalen Gärten des Barocks und die ornamentalen Gärten des Rokoko. Diese lassen sich in vielen Schloss- und Parkanlagen bewundern. Die „Mutter aller Orangerien" ist sicher in Schloss Versailles bei Paris zu finden, obwohl sie nicht die erste war. Auch Schloss Schönbrunn in Wien beherbergt heute noch eine große Zitrussammlung in der Orangerie. Ganz sicher aber ist Deutschland das Land der Orangerien. Die Vielzahl der Fürstenhöfe im Zeitalter der Kleinstaaterei führte zu einer großen Zahl an Residenzen mit Schlössern, Parks und auch Orangerien.
Vor allem Deutschland, das im Barock und Rokoko besonders viele Fürstentümer und Königreiche beherbergte, kann als „Land der Orangerien" bezeichnet werden. Besonders sehenswert ist das klassizistische Orangerieschloss im Schlosspark Sanssouci, die Orangerie von Schloss Pillnitz bei Dresden und die Orangerie von Schloss Seehof bei Bamberg.

001

Orangerien und Sammlungen
Wir haben die schönsten Orangerien und Zitrussammlungen zusammengestellt.

Klassisch gestalten

Ein klassischer Zitrusgarten muss keineswegs langweilig sein, für Aufregung sorgen auf jeden Fall spektakuläre Pflanzen. Das einfachste Element der klassischen Gestaltung ist die Symmetrie, die sich schon durch zwei gleiche Zitruspflanzen erreichen lässt, die links und rechts von einem Eingang oder Durchgang platziert werden. Eine nächste Stufe der klassischen Gestaltung wäre eine lineare Verbindung durch eine kleine Buchsbaumhecke. Dann folgen geometrische Figuren, Rechtecke, Dreiecke oder auch Kreise, an deren Eck- und Mittelpunkten Zitruspflanzen platziert werden. Buchsbaum ist der Rahmen für edle Zitruspflanzen – er kann als Heckenpflanze oder als Formschnittpflanze eingesetzt werden. Ein Ersatz oder eine Ergänzung zum Buchsbaum ist die langsam wachsende Eibe. Als Fingerzeig nach oben werden südlich der Alpen Zypressen gepflanzt, die nördlich der Alpen durch Smaragd-Lebensbäume (*Thuja occidentalis* 'Smaragd') passabel ersetzt werden können.
Je nach Größe des Gartens und Anspruch der Gestaltung können im klassischen Garten auch blühende Kübelpflanzen zum Einsatz kommen. Ein klassischer Zitrusbegleiter ist etwa der *Agapanthus*, der meistens in Blau, seltener in Weiß angeboten wird. Ebenfalls elegant ist die Kap-Bleiwurz mit einer hellblauen Blüte, die in leuchtenden Dolden erscheint. Auch gut gewachsene Oleander oder Granatäpfel können das formale Muster der klassischen Gestaltung auflockern und damit interessanter machen.

Zitrusgärten ganz natürlich

Neben den formalen Gartenstilen lassen sich weiter beeindruckende Gestaltungen im Stil eines Landschaftsgartens darstellen. Der Landschaftsgarten ist die anspruchsvollere Gestaltungsform, versucht sie doch die natürliche Landschaft mit künstlichen Mitteln nicht nur zu imitieren, sondern auch weiterzuentwickeln. Selbst auf kleinerem Raum lässt sich diese Gestaltungsform umsetzen, indem einzelne Pflanzungen und Ensembles aus Kübelpflanzen besonders naturnah und landschaftlich anmutend gestaltet werden. Dabei werden Zitrus- und andere Kübelpflanzen auch in die Beete im Garten platziert.

Mediterrane Landschaften

Nimmt man den Mittelmeerraum als Bezugsraum für den landschaftlichen Zitrusgarten, sind die Landschaften von Italien, Südfrankreich, Spanien, Portugal bis in die Türkei und Nordafrika beispielgebend für den mediterranen Zitrusgarten. Diese Landschaften sind vor allem durch ihre klimatischen Bedingungen, durch Besiedelung und Landwirtschaft geprägt. Besonders reizvoll sind mediterrane Kulturlandschaften, in denen die Nutzbarmachung des Bodens und der Anbau mediterraner Nutzpflanzen zu traumhaften Landschaftsbildern geführt haben.

Der Zauber Südfrankreichs

Viele mediterrane Landschaften besitzen eine sie besonders prägende Pflanze. In Südfrankreich, vor allem in der Provence, ist dieses der Lavendel, der in endlos scheinenden violetten Reihen mediterranes Flair verbreitet. Mit Lavendel lässt sich ganz leicht ein südfranzösisch geprägter Zitrusgarten gestalten. Zitronenbäume und auch die in Südfrankreich in Plantagen kultivierte Kumquat lassen sich in ihren Kübeln herrlich von Lavendeltöpfen umgeben oder in einem Lavendelbeet platzieren. Olivenbäume und klassische Kräuter wie Rosmarin und Thymian in Pflanzungen und Ensembles, die durch Kieswege verbunden sind, fügen sich ebenfalls harmonisch in ein „kleines Südfrankreich“ ein.

Die Fruchtbarkeit der Toskana

Sanfte Hügel, goldgelbe Getreidefelder, dunkelgrüne Pinien und Zypressen – das ist die Toskana. Das fruchtbare Flair der Toskana lässt sich wunderbar in einem toskanischen Bauerngarten mit Zitrusspalieren, mediterranem Gemüse wie etwa Artischocken, Zucchini und Tomaten erzeugen. Des Weiteren spielen die verwendeten Materialien eine Rolle: Spaliere aus dunklem Holz, Naturstein und andere rustikale Elemente unterstreichen die toskanische Anmutung. Den

Rahmen bilden Eiben oder Smaragd-Lebensbaum als Ersatz für die nicht vollständig winterharten Zypressen. Selbst die Schwarzkiefer kann zum Einsatz kommen und Pinien ersetzen.

Die Exotik der Balearen

Das maritime Flair der Urlaubsinseln Mallorca und Ibiza inspiriert ebenfalls zu schönen Zitrusgestaltungen. Die Gastfreundschaft der Menschen auf den Inseln und zahlreiche kulturelle Einflüsse machen die balearischen Gärten zu besonders vielseitigen mediterranen Paradiesen. Vor allem Farbe kommt hier ins Spiel und Exotik, die durch Palmen wie etwa Hanf- oder Phoenixpalme erreicht wird. Farbe bringt die kletternde Bougainville, das hübsche Wandelröschen oder der Zylinderputzer *(Callistemon)* mit seinen feuerroten Blüten. Im balearischen Zitrusgarten begleiten sie große und kleine Zitruspflanzen, insbesondere exotische Sorten wie Limetten, Pampelmusen, Bergamotten und 'Buddhas Hand' mit ihren bizarren Früchten.

Passende Begleiter

„Primus inter Pares" ist der Olivenbaum, der im gesamten Mittelmeerraum zu finden ist. Desgleichen gehören Weinstöcke, Feigen- und Granatapfelbäume sowie Dattelpalmen zu den Klassikern der mediterranen Kulturlandschaft. Sie alle lassen sich hervorragend mit Zitronen und Orangen kombinieren.

Zypressen, Olivenbäume und natürlich Zitrusbäume prägen die mediterrane Landschaft rund um das Mittelmeer.

Urlaubsflair auf Balkon & Terrasse

Nicht jeder hat einen großen Garten und ausreichend Platz für umfangreiche Gestaltungen. Dort, wo der Zitrusgarten nur eine Terrasse oder einen Balkon zur Verfügung hat, können platzsparende Topfgärten entstehen. Speziell die Kombination mit Balkonkästen und anderen Kübelpflanzen macht die Gestaltung von Zitrusgärten auf Balkon und Terrasse – trotz oder wegen des begrenzten Raums – besonders interessant. Auch lassen sich unzählige Accessoires einsetzen, um das Flair des Zitrusgartens zu unterstreichen. Topfgärten haben vor allem den Charme, dass sie flexibel umgestaltet werden können. Allerdings müssen dabei die Anforderungen der Pflanzen berücksichtigt werden.

Mit kleinen Zitrusbäumchen, Accessoires wie Pinienzapfen und Begleitpflanzen wirkt auch ein kleiner Balkon mediterran.

Der richtige Standort

Ein Zitrus-Topfgarten auf Balkon und Terrasse bleibt nur dann attraktiv, wenn jede Pflanze einen passenden Standort erhält. Die Plätze an der Sonne sollten unbedingt den Zitruspflanzen vorbehalten bleiben. Wenn auf einem Balkon ein Geländer ein kleineres Zitrusbäumchen beschattet, stellen Sie dieses besser höher, damit es von der Sonne erreicht wird. Große Zitrus- oder andere Kübelpflanzen dürfen kleineren ebenfalls nicht die Sonne wegnehmen. Als Regel für die wirkungsvolle Präsentation einer Pflanze gilt, dass diese andere Pflanzen nicht berühren sollte. Ansonsten gehen die Pflanzen ineinander über und verlieren ihre individuelle Wirkung.

Manche mögen es wärmer

Die verschiedenen Zitrussorten unterscheiden sich durchaus in ihren Ansprüchen an den Standort. Vor allem Sonne und Wärme sind Faktoren, bei denen eine unterschiedliche Toleranz besteht. So sind Limetten, dickschalige Sorten und solche mit besonders großen Früchten dankbar für einen besonders warmen Platz. Wärmer sind Standorte auf Balkon und Terrasse, die schon am Morgen Sonne erhalten. Morgens wärmt die Sonne die Pflanzen, abends scheint sie nicht mehr, dafür ist die Luft noch warm.

Ebenfalls günstig für wärmeliebende Pflanzen ist die Platzierung vor einer Mauer, die tagsüber Wärme speichert, die sie dann in der Nacht abgibt. Ebenfalls günstig ist – zumindest im frühen Frühjahr, wenn die Nächte noch kühl sind – eine Bedachung, die die Pflanzen abschirmt.

So geht's

Schon bei der Platzierung der Pflanzen im Frühjahr sollte an die Bewässerung gedacht werden, z. B. indem eine Bewässerungsanlage verlegt wird. Auch dürfen Pflanzen, die ausufernd wachsen, während des Sommers behutsam gekürzt werden, damit sie andere Pflanzen nicht berühren und beschatten. Schließlich sollte man nicht vergessen, dass die Pflanzen zweimal im Jahr transportiert werden müssen – Hindernisse gilt es also zu vermeiden.

Wer wird da nicht neidisch: auf der eigenen Terrasse unter Palmen und Zitruspflanzen vom sonnigen Süden träumen.

Schöne Töpfe für edle Pflanzen

Nicht nur die Zitruspflanzen mit ihren Früchten in leuchtendem Gelb oder Orange und den strahlend weißen Blüten, sondern auch die Pflanzgefäße machen Ihren Zitrusgarten attraktiv. Pflanzgefäße können den klassischen Stil oder den Stil des Landschaftsgartens in einer Zitrusgestaltung aufgreifen und unterstreichen oder durch eine bunte Vielfalt einen eigenen Stil begründen. Wichtig ist bei allen Töpfen und Pflanzgefäßen, dass sie stabil und standfest sind und ein Abflussloch haben, damit keine Staunässe entsteht.

Ganz klassisch: Terrakotta

Aus der klassischen Gestaltung des Zitrusgartens sind Terrakotta-Töpfe nicht wegzudenken. Terrakotta-Töpfe gibt es sowohl im klassischen italienischen Stil, aber auch in modernen Varianten. Gleich sind allen der warme Erdton und der massive Eindruck, der für Standfestigkeit und Schutz steht, die Terrakotta-Töpfe bieten. Terrakotta-Töpfe gibt es in vielen Formen und Größen sowie mit unterschiedlichen Verzierungen. Hauptort der Produktion klassischer Terrakotta-Gefäße ist Impruneta in der Nähe von Florenz. Auch Skulpturenschmuck und Zubehör wie Unterschalen oder Topffüße – die die Italiener liebevoll „Piedini“ nennen – gehören zu der Terrakotta-Ausstattung für den klassischen Zitrusgarten.

Vive la France!

Schon immer war es eine Herausforderung, Pflanzgefäße für besonders große Zitrus- und Orangerie-Pflanzen zu konstruieren. Eine Lösung für solche Pflanzen wurde vermutlich in Versailles entwickelt und trägt heute noch die Bezeichnung „Versailler Kübel“. Diese rechteckigen Holzgefäße in einem Rahmen aus Eisen sind vor allem für große Pflanzen geeignet. Bei ihnen können einzelne Bretter nach oben herausgenommen werden, sodass man den Wurzelballen zur Seite aus dem Kübel nehmen kann. So fällt das Umtopfen sehr großer Pflanzen leicht. Zudem lassen sich die Holzwände im Laufe der Zeit und je nach Beanspruchung immer wieder erneuern – diese Kübelkonstruktion besitzt daher eine hohe Haltbarkeit. Wegen ihres rechteckigen Formats sind die Versailler Kübel zudem sehr gut für Transport und Lagerung geeignet.
Ein weiterer Kübelklassiker aus Frankreich sind die „Vases d’Anduze“, die aus dem Ort Anduze in den französischen Cevennen stammen und eine

Viele große Gärten Italiens präsentieren als Hingucker, prächtige Zitruspflanzen in klassischen Terrakotta-Töpfen.

Glasierte Keramik-Töpfe setzen mit mediterranen oder maritimen Farben Glanzpunkte auf jeder Terrasse.

schöne, schlanke Form besitzen. Diese großen Tontöpfe werden in verschiedenen Farben glasiert und bilden sowohl in der Form als auch in den Farben einen ansprechenden Kontrast zu den eckigen Versailler Kübeln. Die Vases d'Anduze sind ebenfalls edle Kübel für überdurchschnittlich große und damit wertvolle Pflanzen.

Mediterranes Flair

Werden Zitruspflanzen in eine landschaftliche, mediterrane Gartengestaltung eingebunden, dann sollte der Topf möglichst neutral und unauffällig sein. Egal ob Topf und Pflanze im späten Herbst in das Winterquartier geräumt werden müssen, spielt der Topf hier nur eine funktionale Nebenrolle. Ein schlichter Terrakotta-Topf ohne viele Verzierungen oder ein Holzkübel passen schön zu einem rustikalen Landschaftsbild, das an Toskana oder Provence erinnert.

Bunte Vielfalt

Das Spektrum angebotener Töpfe und Pflanzgefäße erlaubt aber noch eine Vielzahl weiterer und ebenso selbst kreierter Stile. Gerade Kunststofftöpfe besitzen nicht nur optische, sondern auch funktionale Vorteile. Bedenkt man, dass Zitruspflanzen zweimal im Jahr den Standort wechseln müssen, sind leichtere Kunststofftöpfe von Vorteil – allerdings bei geringerer Standfestigkeit. In der Vielzahl der angebotenen Farb- und Formvarianten sind Kunststofftöpfe mittlerweile eine gute Alternative, wenn Terrakotta und Holz zu schwer oder zu teuer erscheinen. Schließlich lassen sich Terrakotta und Kunststoff als Über- und Pflanztopf kombinieren und somit das Beste beider Materialien zusammenfügen.
Wichtig ist bei allen Pflanzgefäßen, dass sie die Ansprüche der Pflanzen erfüllen müssen und dass ein einheitlicher Stil überzeugender wirkt als ein vielleicht zufällig entstandener Stilmix aus vielen Materialien oder Farben.

Zitruspflanzen im Wintergarten

Der Wunsch auch im Winter mit exotischen, immergrünen Pflanzen umgeben zu sein, führte im viktorianischen England zur Entwicklung der Wintergärten. Diese waren eine Weiterentwicklung der zu dieser Zeit langsam aus der Mode kommenden Orangerien. Heute sind Wintergärten in vielen Varianten zu finden und haben einen festen Bestandteil in der Architektur. Wer einen Wintergarten plant, sollte die Bedürfnisse der Pflanzen und Gestaltungsaspekte frühzeitig

Auch im Wintergarten erfreuen sich Zitrus- und andere mediterrane Pflanzen zunehmender Beliebtheit.

in die Planung einfließen lassen. Nur so wird der Wintergarten sowohl für menschliche als auch pflanzliche Bewohner zu einem besonderen Raum.

Formen und Varianten

Die verschiedenen Nutzungen von Wintergärten haben zu einer ausgesprochenen Variantenvielfalt geführt. Eine einfache „Vorstufe" zum Wintergarten bilden kleinere Anlehngewächshäuser, die eine Hauswand nutzen, an der die Gewächshäuser aus Holz, Aluminium und Glas „angelehnt" werden. Anlehngewächshäuser dienen allein der sicheren Unterbringung und haben keinen Wohncharakter, sodass sich intensive gestalterische Fragen nicht stellen.
Ähnlich ist es bei sogenannten Kalt-Wintergärten, die in der Regel eine vollständige Überdachung und Umschließung der Terrasse mit Glas in einem Aluminiumrahmen erreichen. Kalt-Wintergärten haben keine oder nur eine minimale Beheizung und bieten für Zitruspflanzen lediglich den Frostschutz. Wenn die Durchschnittstemperatur im Winter bei 5 bis 10 °C liegt, sind die Pflanzen in der Winterruhe, was die Überwinterung sehr erleichtert. Wohnzwecke kann der Kalt-Wintergarten bei solchen Temperaturen nicht erfüllen. Da er aber das Fenster zur Terrasse und zum Garten ist, sollte die Gestaltung nicht nur funktionalen Aspekten unterliegen.
Ganz anders sind die Verhältnisse im Warm-Wintergarten. Der beheizte und in der Regel gut isolierte Wintergarten ist ein zusätzlicher Wohnraum, in dem allerdings häufig die Ansprüche der Pflanzen nicht ausreichend bedacht sind. Problematisch ist regelmäßig die Kombination aus höheren Temperaturen aufgrund des Heizungsbetriebs und mehrfach verglaster Isolierfenster, die das Lichtangebot für die Pflanzen reduzieren. Daher ist es wichtig, vor der Anschaffung und Errichtung des Warm-Wintergartens die Bepflanzung festzulegen, damit in allen Jahreszeiten den Anforderungen der Pflanzen entsprochen werden kann.

WARMER WINTERGARTEN

Auch im Warm-Wintergarten ist darauf zu achten, dass die Pflanzen nicht zu eng stehen. Zum einen kann Lichtmangel gerade bei Zitruspflanzen zu Wachstumsproblemen führen, zum anderen verliert die Gestaltung an Reiz, wenn die Konturen der einzelnen Pflanzen nicht mehr erkennbar sind.

Gestalten im Wintergarten

Im Kalt-Wintergarten sollte das Lichtangebot für die Pflanzen und für die menschlichen Bewohner berücksichtigt werden. Eine Pflanzenaufstellung im Kalt-Wintergarten, die zu einer Verdunklung der Räume hinter dem Wintergarten führt, ist nicht erstrebenswert. Stellen Sie die Pflanzen so, dass Durchgänge und Durchblicke möglich sind, denn auf diese Weise ist eine vernünftige Lichtteilung zwischen Pflanze und Mensch sichergestellt.
Im Warm-Wintergarten ist die Aufteilung des Platzes noch wichtiger, schließlich werden sich darin nicht nur Pflanzen, sondern auch Menschen aufhalten. Der Warm-Wintergarten sollte daher zunächst mit Möblierung und Laufwegen geplant werden, erst dann lässt sich der dann noch verbleibende Platz für Pflanzen einplanen. Dabei ist entscheidend, ob eine dauerhafte Gestaltung in Beeten oder eine flexible in Töpfen geplant ist.

Zitruspflanzen in der Wohnung

Nicht jeder, der sich an der Schönheit der Zitruspflanzen erfreuen möchte, verfügt über Garten, Balkon oder Terrasse. Zum Glück können einige dieser Pflanzen unter günstigen Bedingungen in der Wohnung gehalten werden. Dort entfalten sie auch im Winter ihr typisches Flair.

Welche Arten eignen sich?

Die meisten Zitrussorten, dazu zählen die beliebtesten Sorten wie Zitronenbaum, Orangenbaum oder Limette, sollten von Frühjahr bis Herbst unter freiem Himmel platziert werden. Es gibt zum Glück jedoch ein paar Sorten, die auch in Wohnräumen stehen können. Am besten geeignet ist der Calamondin, bei dem es sich um eine Kreuzung aus Mandarine und Kumquat handelt. Ein naher Verwandter des Calamondin ist die Kumquat, die ebenfalls die besonderen Herausforderungen in der Wohnung besteht. Die am weitesten verbreitete Kumquat *Fortunella margarita* begeistert mit kräftig orangen Früchten, deren ebenmäßige, ovale Form einzigartig in der Zitrusfamilie ist. Bei den Zitronen kann die Meyer-Zitrone auch im Zimmer gehalten werden. Grundsätzlich gilt: Je kleiner eine Pflanze ist, umso besser kommt sie mit weniger Licht und trockener Zimmerluft zu Recht.

Der richtige Standort

Die Gestaltung mit Zitruspflanzen in Wohnräumen hängt in noch stärkerem Maße von den Bedürfnissen der Pflanzen ab. Calamondin oder Kumquat sollten stets an einem Süd- oder Südwestfenster stehen, durch das das Sonnenlicht direkt auf die Pflanze fällt. Eine Gardine oder sonstige Gegenstände, die die Sonnenstrahlen abhalten oder filtern, sollten unbedingt vermieden werden. Besonders günstig ist ein Erker oder eine Ecke zwischen zwei Fenstern, da hier das Licht aus mehreren Richtungen kommt. Allerdings sollte die Pflanze nicht zu nah an einer Heizung stehen, da direkte trockene Heizungsluft ungünstig ist.

Stilvoll gestalten

Aufgrund von Platz- und Lichtverhältnissen werden Zitruspflanzen in der Wohnung solitär oder in kleinen Gruppen platziert. Die Töpfe sollten sich dem Stil des Wohnraums anpassen, besonders edel wirken helle Farben, wie etwa Weiß, die die Helligkeit des Standorts und die Symbolkraft der Zitruspflanze als Botschafterin des Südens unterstreichen.

Als Begleitung kommen immergrüne Zimmerpflanzen wie beispielsweise Sukkulenten in Fra-

Auch im Wohnzimmer bildet der Calamondin Knospen und Blüten, …

… die dann später zu üppigen Früchten und schönem südlichen Flair führen.

ge, die in gleichfarbigen, kleineren Töpfen zur Zitruspflanze gestellt werden.

Die richtige Pflege

Entscheidend für das Gedeihen der genannten Zitrussorten in Wohnräumen ist das Verhältnis von Temperatur und Licht: Bei hohen Temperaturen brauchen die Pflanzen viel Licht, bei geringen Temperaturen kommen sie mit weniger Licht aus. Bei ungünstigen Lichtverhältnissen in Wohnräumen kann eine zusätzliche Beleuchtung die Standortbedingungen für Zitruspflanzen verbessern. Eine spezifische Pflanzenlampe versorgt die Pflanzen mit Pflanzenlicht, das als Mischung aus Rot- und Blaulicht violett erscheint. Ebenso kann ein kalt-weißes Licht die Lichtsituation für die Pflanzen verbessern. Falls Ihnen diese beiden Lichtfarben nicht gefallen, können Sie mit einem Lampenschirm den Lichtkegel auf die Pflanzenfläche reduzieren.

Darauf kommt es an

An diesem besonderen Standort benötigen Zitruspflanzen etwas mehr Pflege als im Freiland. Befeuchten Sie regelmäßig die trockene Luft um Ihre Pflanzen – das fördert ihr Gedeihen. Die Lufttrockenheit führt außerdem zu einem höheren Wasserbedarf, den Sie des Öfteren prüfen sollten. In Innenräumen fühlen sich auch Schädlinge besonders wohl, sodass es zu einem Befall kommen kann. Regelmäßige und rechtzeitige Kontrollen der Pflanzen verhindern einen größeren Befall und eine Schädigung der Pflanzen.

Genießen & ernten

In der jahrtausendealten Zitruskultur wurden Zitruspflanzen vor allem auch wegen der wohlschmeckenden, saftigen und gesunden Früchte verehrt. Auch heute ist die weltweite Zitrusproduktion einer der wichtigsten Zweige des Obstanbaus. Für private Zitrusgärtner spiegeln Zitrusfrüchte die große Vielfalt der Zitrusfamilie wieder und sind eine köstliche Belohnung für die Pflege und Überwinterung der Pflanzen.

Vielseitige Zitruspflanzen

Lassen Sie sich beim Erwerb einer Zitruspflanze für Ihre private Verwendung nicht durch das Etikett beirren – die Etiketten weisen die Pflanzen nämlich regelmäßig als Zierpflanze aus, die nicht zum Verzehr geeignet sei. Hintergrund dieser Deklaration ist, dass die Pflanzen, die für den privaten Gebrauch auf den Markt kommen, nicht als Lebensmittel produziert und deklariert werden. Die Pflanzen werden in den Baumschulen mit Pflanzenschutzmitteln behandelt, die aber wieder abgebaut werden. Daher sollten Früchte, die beim Erwerb schon an der Pflanze hängen, nicht verzehrt werden. Die Früchte, die aber nach dem Erwerb unter eigener Aufsicht ohne chemischen Pflanzenschutz wachsen, können bei den Kultursorten Zitrone, Orange, Mandarine, Kumquat, Limette, Grapefruit, Pampelmuse und noch einigen mehr bedenkenlos verzehrt und genossen werden.

So wird geerntet

Zitruspflanzen unterliegen wie alle Kulturpflanzen einem individuellen Zyklus, indem sie erst Blüten, dann Früchte bilden, die dann schließ-

Eigene Zitronen ernten – wer träumt nicht davon. Bei der richtigen Pflege ist das durchaus möglich.

lich unter bestimmten Bedingungen reifen. Erst wenn die Reife erfolgt, sollte geerntet werden. Hier machen es Zitruspflanzen den Zitrusgärtnern einfach, denn während der Reifung nehmen die Früchte ihre charakteristische Gelb- oder Orangefärbung an, die die Pflanzen so attraktiv macht. Bei den meisten Sorten ist die Verfärbung eine Reaktion auf kühlere Temperaturen, bei denen die Früchte ein „Frostschutzmittel" bilden, das für die frische Farbe sorgt. Meistens ist das im Winter, die Reife kann aber erst auch im frühen Frühjahr erfolgen. Das Fruchtwachstum sollte abgeschlossen sein, die Frucht muss auf einen Daumendruck ein wenig nachgeben. Damit zeigt sie, dass sie innen voller Saft ist. Zitrusfrüchte können reif sehr lange an der Pflanze bleiben, sollten aber entfernt werden, bevor sie trocken werden.
Da Zitrusfrüchte fest am Zweig sitzen, werden sie mit einer Schere und einem scharfen, sauberen Schnitt abgeschnitten. Wie bei anderem Obst sollte ein Herunterfallen vermieden werden. Zitrusfrüchte reifen nach der Ernte nicht nach, daher sollten sie keinesfalls zu früh geerntet werden. Nach der Ernte sollten die Früchte kühl gelagert werden, da sich ansonsten Pilze wie Schimmel oder andere Keime breitmachen.

Die ergiebigsten und leckersten Sorten

Aus der Perspektive der Verwendung und des Anbaus ist sicher die Orange die bedeutendste Zitrusfrucht. Sie liefert vor allem Saft, wird als Obst verzehrt und auch in vielen herzhaften oder süßen Rezepten verwendet. Orangen sind nach der Ernte im späten Herbst und frühen Winter wie die Mandarinen vor allem in der Weihnachtszeit erhältlich.
Besonders beliebt ist zudem die Zitrone, die wegen ihrer angenehmen Säure und ihrer Ergiebigkeit ganz hoch in der Gunst von Hobbygärtnern und Feinschmeckern steht.
Kleinere Früchte wie Mandarine und Kumquat bieten ebenfalls einen herrlichen Zitrusgenuss. Während die Mandarine wegen ihrer Süße und Saftigkeit geschätzt wird, ist die Kumquat eine erlesene Delikatesse. Kumquats werden mit Schale gegessen, sodass sich beim Verzehr ein Geschmackserlebnis aus süßen, leicht sauren und herben Aromen ergibt. Limetten wiederum sind wegen ihrer besonderen Säure das i-Tüpfelchen bei Cocktails, während die großfruchtigen Grapefruits und Pampelmusen ein leckeres, exotisches Obst sind, das bei vielen für einen erfrischenden Start in den Tag sorgt. Ihre Größe und der hohe Gehalt süß-herben Saftes machen sie zu besonders ergiebigen Vitamin C-Lieferanten.

Die aromatische Schale des Calamondin kann unbehandelt aus eigener Ernte zum Würzen verwendet werden.

PFLANZEN, PFLEGEN, ERNTEN

Praxis

Profi-Tipps

S. 36

Der Zitruskalender

Als Pflanzen, die ursprünglich aus dem subtropischen bis mediterranen Zitrusgürtel stammen, sind Zitruspflanzen ganz besonders vom Verlauf der Jahreszeiten, von Wärme, Wind und Wetter abhängig. Der Rhythmus der Jahreszeiten hilft daher sehr, die Pflege der Zitruspflanzen zu planen und umzusetzen.

S. 40

Der Winterstandort

Nördlich der Alpen ist die richtige Überwinterung das A und O der Zitruspflege. Dabei gibt es viele Alternativen, Zitrone, Orange, Mandarine & Co. durch den Winter zu bekommen. Wichtig für Auswahl und Gestaltung des Überwinterungsquartiers ist eine gute Kenntnis über die Bedürfnisse der Pflanzen.

S. 44

Richtig gießen

In der Zitruspflege gilt häufig das Motto „weniger ist mehr“, aber wie viel „weniger“ ist richtig? Das betrifft insbesondere die Versorgung mit Wasser, die bei den Zitruspflanzen im Kübel wichtig ist. Lesen Sie hier, wie Sie stets optimal und pflanzengerecht gießen.

S. 50

Pflanzen vermehren

Wenn Zitruspflanzen im eigenen Garten wachsen und gedeihen, entsteht bald der Wunsch, diese Pflanzen auch selbst zu vermehren. Wie bei vielen anderen Obstgehölzen bieten sich bei ihnen mehrere Methoden zur Vermehrung an.

S. 52

Krankheiten und Schädlinge

Es kann selbst bei bester Pflege passieren, dass der eine oder andere Schädling wie die Spinnmilbe oder die Schildlaus eine Zitruspflanze besucht. Erfahren Sie alles zu den wichtigsten Schädlingen und Erkrankungen sowie über die besten Maßnahmen zur Vorbeugung und Gesundung der Pflanzen.

Die große Vielfalt

Die Pflege der Zitruspflanzen, und vor allem der Erfolg dabei, hängt ganz entscheidend von den Kenntnissen über die Herkunft und Botanik der Pflanzen ab. Begeben Sie sich auf eine spannende Entdeckungsreise in die Kulturgeschichte einer der ältesten und bedeutendsten Obstpflanzen-Familien der Welt.

Herkunft und Klima

Die Ursprünge aller Zitruspflanzen liegen vermutlich in Südasien an den südlichen Hängen des Himalajas. China gilt ebenfalls als Ursprungsgebiet einiger Zitrussorten, wobei die eigentlichen Orte unklar sind und die „Ur-Zitruspflanzen" als verschollen gelten. Sowohl in den südasiatischen als auch in den heutigen Verbreitungs- und Anbaugebieten herrschen gleichbleibende Wärme und hohe Luftfeuchtigkeit. Die Herkunft aus Höhenlagen in subtropischen Regionen lässt Zitruspflanzen nennenswerte Temperaturunterschiede zwischen Tag und Nacht gut aushalten. Nur Frost vertragen Zitruspflanzen in der Regel nicht.

Das heutige Verbreitungsgebiet, das als Zitrusgürtel bezeichnet wird, liegt zwischen dem nörd-

Auch wenn Zitrusarten mit ihren Früchte recht unterschiedlich aussehen, sind sie doch alle nahe Verwandte.

Eine der ältesten und mit ihren dicken Früchten beeindruckendsten Sorten sind die Zedrat- oder Zitronatzitronen.

lichen und südlichen 40. Breitengrad. Wichtige Anbauregionen sind Brasilien, die USA und in Europa der gesamte Mittelmeerraum. Für die in diesen Regionen angepflanzten Zitruskulturen wurde eine große Zahl an Arten, Sorten und Kreuzungen verwendet. Diese große und regional durchaus sehr unterschiedliche Vielfalt der Zitruspflanzen bereitet den Botanikern nach wie vor einige Schwierigkeiten bei der Bestimmung.

Botanik-Basics

Von Botanikern werden unter dem Begriff *Citrus* mindestens drei Gattungen zusammengefasst: die Gattung *Citrus* selbst, die Gattung *Fortunella* und die Gattung *Poncirus*. Als weitere Gattung können *Eremocitrus* und *Microcitrus* zu den Zitruspflanzen gezählt werden. Alle gehören sie zu den Rautengewächsen (Rutaceae) und ihre Früchte zählen zu den Beeren.
In der Hauptgattung *Citrus* finden sich die wichtigsten Arten wie die Zitrone *(Citrus limon)*, die Orange *(Citrus sinensis)* oder auch die Mandarine *(Citrus reticulata)* und viele mehr. Die Gattung *Fortunella* umfasst die kleinere Familie der Kumquats, während mit der Dreiblättrigen Orange, botanisch *Poncirus trifoliata*, die einzige Art der Gattung *Poncirus* bekannt ist. Diese ist bemerkenswert, da sie die einzige Vertreterin der erweiterten Zitrusfamilie ist, die in Mitteleuropa als winterhart gelten kann. Allerdings sind ihre Früchte nicht genießbar.

Verbreitung und Bedeutung

Aus unserer modernen Welt sind Zitruspflanzen nicht mehr wegzudenken. Sie liefern Saft, saftige Früchte, Vitamine, Aromen für Kosmetika, Haushaltsmittel und viele Leckereien. Es fällt schwer, alle Arten und erst recht die in die Tausende gehenden Sorten zu überblicken, denn vor allem regional angepasste Kreuzungen stehen für eine große Vielfalt. Kein Wunder also, dass Zitruspflanzen im privaten Garten immer häufiger zu finden sind. Das Angebot an Qualitätspflanzen nimmt weiter zu und die Fachliteratur, aber auch Informationen im Internet bieten Hilfestellung zur richtigen Pflege und zur Überwinterung. Immer mehr private und ambitionierte Sammlungen entstehen, die einen Beitrag leisten, die Zitrusvielfalt zu erhalten. Aber auch in historischen Parks und Orangerien wird weiterhin gesammelt und werden wichtige Beiträge zur Fortführung der Orangeriekultur geleistet.

Je mehr Sorten Ihre Orangerie umfasst, umso reichhaltiger und vielfältiger fällt die Zitrusernte aus.

Zitruskalender

Zitruspflanzen sind besondere Pflanzen, die, aus den Subtropen stammend, in Mittel- und Nordeuropa als Kulturpflanzen, d.h. als Pflanzen unter menschlicher Obhut, eingeführt wurden. Aufgrund ihrer exotischen Herkunft erfordert die Pflege gute Kenntnisse über die Bedürfnisse und das Gedeihen der Pflanzen. Dieses hängt vor allem von äußeren Faktoren wie Temperaturen, Lichtangebot und Wind ab. Der Wechsel der Jahreszeiten gibt den Takt an und hilft, die Pflege zu strukturieren und zu organisieren. Der Zitruskalender verspricht also zu jeder Jahreszeit interessante Aufgaben und Herausforderungen.

Zitronenblüten mit ihren markanten Blütenblättern erscheinen vom Frühjahr bis in den Herbst.

Im frühen Winter erhalten Zitrusfrüchte in kühlen Nächten ihre charakteristische Farbe.

Spätwinter

Im Februar, wenn die Sonne schon wieder kräftiger wird, können die Pflanzen im Winterquartier auf die bevorstehende Freiluftsaison vorbereitet werden. Dazu gehört das Umtopfen, wenn der bestehende Topf zu klein geworden ist. Auch Schnittmaßnahmen, die bei Zitruspflanzen moderat ausfallen, sollten im Februar durchgeführt werden. Während des Winters wurden die Pflanzen im Überwinterungsquartier auf Schädlinge kontrolliert und nur wenig gegossen und gedüngt. Wenn es nun in einem Glashaus schon wärmer und heller wird, zeigen sich die ersten Austriebe und auch Knospen.

Frühling

Einer der wunderbarsten Momente im Zitrusjahr ist sicher das Ende der Überwinterungszeit, die sogenannte „Auswinterung". Wann diese erfolgt, hängt von der Region und den Temperaturverläufen ab. Sie sollte so früh wie möglich erfolgen, damit die Pflanzen möglichst viel direktes Sonnenlicht erhalten. Wenn in milden Regionen bereits im April die Pflanzen auf die Terrassen und Balkone kommen und mit Blütenpracht und im Winter gereiften Früchten aufwarten, wird der Traum vom Land, wo die Zitronen blühen, wahr.

Sommer

Die zweite Frühjahrshälfte und der Sommer, wenn vor allem die Nächte wärmer sind, ist die Zeit, in der Zitruspflanzen ihre intensivste Wachstumsphase haben. Viel Sonnenlicht und Wärme hilft ihnen, Knospen, Blüten und Früchte zu bilden. Aber auch neues Laub, das nun entsteht,

Nach der Blüte im Frühjahr und Sommer bilden sich zahlreiche Fruchtansätze wie hier bei Buddhas-Hand-Zitrone.

ist wichtig, damit die Pflanze noch mehr Sonnenlicht in Zucker und damit Wachstumsenergie verwandeln kann. Im Frühjahr und im Sommer setzen die Pflanzen regelmäßiges, jedoch stets nur bedarfsgerechtes Gießen und Düngen in ein gesundes Wachstum um.

Herbst

Wenn ab September die Nächte spürbar länger und kühler werden, ist die Zitruszeit unter freiem Himmel noch nicht zu Ende. Die Monate September, Oktober und November halten durchaus noch viele Sonnenstunden bereit, die sich später in der Süße und in der Größe der Früchte bemerkbar machen. Da es nun auch kühler und windiger wird, sollten Zitruspflanzen vor Wind und zu viel Wasser geschützt werden.

Winter

Die wichtigste Pflegemaßnahme ist die Überwinterung. Bis auf wenige Ausnahmen vertragen Zitruspflanzen keinen Frost. Daher sollte – je nach Region – im November, spätestens Anfang Dezember, die Überwinterung beginnen. Ein idealer Zeitpunkt ist, wenn sich die Außentemperaturen im einstelligen Bereich befinden und die Pflanzen schon in der Winterruhe sind.

Standorte im Sommer

Der Standort ist für jede Pflanze von größter Bedeutsamkeit, denn mit ihm werden auch die Standortfaktoren festgelegt. Dabei handelt es sich um die äußeren Faktoren wie Lichtangebot, Wärme, Luftfeuchtigkeit oder auch Luftbewegung, die maßgeblich für das Wachstum sowie für die Blüten- und Fruchtbildung sind. Als nördlich der Alpen nicht winterharte Pflanzen müssen Zitruspflanzen – bis auf wenige Ausnahmen – in Kübel und Töpfe gepflanzt werden. Der vom Frühjahr bis in den mittleren bis späten Herbst hinein ideale Außenstandort kann im Winter frostig werden, sodass ein Standortwechsel erfolgen muss.

Nur die volle Sonne liefert Zitruspflanzen genug Energie, um viele saftige Früchte bilden zu können.

Der richtige Platz

Zitruspflanzen stammen aus dem südasiatischen Raum, und entsprechend sind die Standortfaktoren und das Standortklima. Das Klima in den Herkunftsregionen ist gleichbleibend warm und die Sonneneinstrahlung ist bei hoher Luftfeuchtigkeit ebenfalls hoch. Da die ursprünglichen Zitruspflanzen aus dem Bergland stammen, sind sie zudem an einen signifikanten Wechsel von Tages- und Nachttemperaturen gewöhnt. Der ideale Standort vom Frühjahr bis in den Herbst hinein ist daher besonders sonnig, warm, windgeschützt, jedoch nicht zu trocken. Bei den allermeisten Sorten empfiehlt sich ein Freilandstandort auf Balkon oder Terrasse, aber auch Wintergärten kommen infrage, sofern diese Öffnungen für Luft und Licht haben.

Lichtverhältnisse

„Mehr Licht“ mag man mit Goethe sagen, wenn es um die Beleuchtung der Zitruspflanzen geht. Denn Zitruspflanzen haben einen sehr hohen Lichtkompensationspunkt. Dieser Lichtkompensationspunkt bestimmt das Maß an Lichtintensität, bei der Sauerstoffproduktion und -verbrauch im Gleichgewicht sind. Grundlage für dieses Gleichgewicht ist die Fotosynthese, deren Intensität überdies von der Umgebungstemperatur abhängt. Also ist bei Zitruspflanzen das Temperatur-Licht-Verhältnis die entscheidende Größe für das Gedeihen: Liegt die Temperatur unter 10° C, kann das Lichtangebot auch geringer sein, liegt sie über 10 bis 15° C, dann benötigt die Pflanze eine hohe Lichtintensität. In der Regel schafft nur das direkte Sonnenlicht eine dauerhaft ausreichende Versorgung der Pflanze mit Lichtenergie.

Für den Außenstandort heißt das, dass dieser besonders sonnig sein sollte. Wenn die Sonne nicht ganztägig scheint, ist die Morgensonne der Abendsonne vorzuziehen. In der Morgensonne wird die Pflanze früher gewärmt, abends ist zumindest die Luft warm.

Manche mögen es warm

Bei der Temperatur wird die subtropische Herkunft der Zitruspflanzen ebenfalls deutlich. Die Vegetation setzt bei 10 bis 12 °C ein, im Temperaturbereich zwischen 0 und 10 °C ist die Pflanze in der Vegetationspause. Ein idealer Außenstandort sollte also besonders warm sein. Das wird vor allem durch eine südliche oder südwestliche Ausrichtung erreicht, noch besser ist ein völlig unbeschatteter Platz, der aber selten ist. Weiter kann eine schützende Rückwand die Standorttemperaturen erhöhen, insbesondere, wenn diese Wand tagsüber Wärme speichert und nachts abgibt. Auch eine Überdachung sorgt dafür, dass die Nachttemperaturen nicht allzu sehr abfallen. Eine Überdachung sollte aber nicht um den Preis des Wegfalls von direktem Sonnenlicht eingesetzt werden.

Wetter, Wind und Regen

Regen und Wind sind wichtige Standortfaktoren. Eine gewisse Luftbewegung hilft, Wasser zu verdunsten und somit den Stoffwechsel anzuregen. Doch Regen und Wind werden nur in Maßen benötigt. Ein durch eine Rückwand oder eine Bedachung geschützter Zitrusbaum ist vor Fallwinden geschützt. Auch hoher Niederschlag ist ungünstig, denn Zitruspflanzen reagieren sensibel auf zu viel Nässe im Erdreich.

Solide Kübel sehen nicht nur gut aus, sondern geben den Pflanzen bei Wind und Wetter auch genug Standfestigkeit.

A und O der Zitruspflege – Überwinterung

Der Winter ist für die erfolgreiche Zitruspflege die entscheidende Phase. Neben dem reinen Schutz vor Frost muss ein Winterquartier auch die sensiblen Bedürfnisse der Pflanzen während des Winters erfüllen.

Überwinterungs-Basics

Eine nochmalige Betrachtung der botanischen Eigenschaften von Zitruspflanzen hilft, die für die Überwinterung wesentlichen Faktoren festzuhalten. Zunächst ist die fehlende Frosttoleranz bei den meisten Zitruspflanzen maßgeblich. Bei Frost kommt es zu Erfrierungen, zuerst an Blättern, dann an Zweigen und schließlich an Ästen, Stamm und Wurzel. Dabei sterben diese Pflanzenteile ab, sodass ein Schutz vor nennenswertem Frost für das Überleben der Pflanzen unverzichtbar ist. Das geringe Lichtangebot im Winter ist die zweite, wesentliche Herausforderung für Zitrusgärtner. Ist es für die Zitruspflanze zu dunkel und liegen die Temperaturen über 10 °C kommt es zu einem Ungleichwicht im Stoffwechsel der Pflanze. Diese bräuchte dann für die Fotosynthese Licht, um CO_2 aufnehmen zu können, das in der Pflanzenatmung abgegeben wird. Bleibt aber die Fotosynthese aus, würde die Pflanze zu viel CO_2 verlieren. Es setzt dann ein Schutzmechanismus ein, den viele aus leidvoller Erfahrung kennen: Die Zitruspflanze wirft Blätter ab. Damit wird die Atmung reduziert und das Ungleichgewicht beseitigt.

Ideal für die Überwinterung ist ein eigenes Gewächshaus, das mit einem Frostwächter frostfrei gehalten wird.

Das beste Winterquartier

Das ideale Winterquartier muss also frostfrei sein und das richtige Temperatur-Licht-Verhältnis erreichen. In der jahrhundertealten Kultur der Zitrusüberwinterung, der Pomeranzenhäuser und Orangerien, wurde die Erfahrung gemacht, dass kühle, aber dennoch – nach menschlichen Maßstäben – helle Winterquartiere besonders gut geeignet sind. Bei Temperaturen unter 10 °C befinden sich die Pflanzen in der Winterruhe und kommen mit weniger Licht aus.

Ideal sind daher Gewächshäuser, Orangerien und Kalt-Wintergärten, die mit einer Heizung oder einem Frostwächter frostfrei gehalten werden. In einem Überwinterungszelt können diese Bedingungen genauso erreicht werden. Die Fenster sollten weder isoliert noch beschichtet sein, damit das Licht ungefiltert zu den Pflanzen dringen kann. Kommt es im späten Winter zu einer Intensivierung des Sonnenlichts erwärmt sich die Luft in den Glashäusern und die Pflanzen treiben noch vor dem Frühling aus und bilden erste Knospen und Blüten. Wichtig ist, dass das Temperatur-Licht-Verhältnis ausgeglichen bleibt: Ist die Sonne tagsüber schon sehr warm und die Nacht- und Bodentemperatur noch sehr kühl, kann es im Gewächshaus ebenfalls zu Blattverlust kommen. Aber auch ohne eigenes Gewächshaus kann die Überwinterung gelingen. Unbeheizte Nebenräume, Gartenhäuser, Garagen mit Fenster oder Treppenhäuser können ein geeignetes Winterquartier sein. Voraussetzung ist, dass die Räume nicht zu warm sind und ein Süd- oder Südwestfenster haben, vor das die Pflanzen direkt gestellt werden. Die Überwinterung in der Wohnung gelingt nur mit einer Pflanzenbeleuchtung. Wichtig ist, dass die Luft nicht zu trocken ist.

Viele Gärtnereien bieten einen Überwinterungsservice an – guter Standort und gärtnerische Betreuung inklusive.

Winterpflege

Werden Zitruspflanzen bei einer Temperatur unter 10 °C überwintert, befinden sich die Pflanzen in der Winterruhe, in der sie nur wenig Wasser verdunsten und kaum Nährstoffe benötigen. Die wichtigste Pflegemaßnahme ist also weniger Gießen und Düngen als vielmehr die regelmäßige Schädlingskontrolle und Kontrolle auf Blattverlust. Erst wenn im späteren Winter die Sonne höher steht und es wärmer wird, kommt es zum ersten Austrieb und zur Knospenbildung – die Pflanzen benötigen jetzt etwas mehr Wasser und Nährstoffe. Im späten Winter, etwa im Februar, stehen Schnitt- und Umtopfmaßnahmen an.

Zitruspflanzen umtopfen

Der Topf und die Erde bilden das Fundament für das Gedeihen der Zitruspflanzen, die wegen ihrer Frostempfindlichkeit im Kübel kultiviert werden. Umso wichtiger ist es, durch die Auswahl der richtigen Töpfe und Erden der Pflanze eine angemessene Grundlage zu geben. Auch Häufigkeit und Anlass des Umtopfens sind wichtig für den Erfolg der Zitruspflege.

Eine durchlässige Erde und eine gute Dränage durch ein Dränagekissen sind die Zutaten für das Umtopfen.

Wann und wie oft?

Der beste Zeitpunkt zum Umtopfen der Zitruspflanzen ist der späte Winter, also im Februar oder März. In dieser Zeit erwachen sie langsam aus der Winterruhe und haben vor der Hauptvegetationszeit noch genug Zeit anzuwurzeln. Doch kann ein späteres Umtopfen das Gesunden und das Wachstum der Pflanze fördern, wenn es ihr nach einem Blattverlust und bei Staunässe im Laufe des Jahres erkennbar schlecht gehen sollte. Bei gesunden Pflanzen sollten Sie allerdings auf ein Umtopfen in der Vegetationszeit verzichten. Denn jedes Umtopfen führt zu einer Phase, in der die Pflanze zunächst neue Wurzeln bildet. Und das Wurzelwachstum verringert das Wachsen der oberirdischen Pflanzenteile. Wer also nicht auf Knospen, Früchte und neues Laub verzichten möchte, sollte folglich nur in der Wachstumspause umtopfen.

Wie oft Sie umtopfen müssen, hängt vor allem vom Wurzelwachstum ab. In der Regel dürfte ein Umtopfen alle zwei bis drei Jahre ausreichen, bei größeren Pflanzen verlängert sich diese Zeit auf bis zu fünf Jahre. Grundsätzlich sollte dann umgetopft werden, wenn der Topf vollständig durchwurzelt ist und die Erde verbraucht ist.

Welcher Topf ist geeignet?

Die Auswahl an Töpfen ist sehr groß, wichtig sind dabei funktionale, aber auch ästhetische Aspekte. Bei einem Topf, den man für Zitruspflanzen verwenden will, ist ein ausreichender Wasserabfluss von zentraler Bedeutung – ein Abflussloch ist daher unverzichtbar. Ebenso ist eine ausreichende Standfestigkeit eine maßgebliche Voraussetzung für die stressfreie Außensaison im Zitrusgarten. Zweimal im Jahr müssen Zitruspflanzen transportiert werden – das Gewicht ist folglich ein weiterer wichtiger Aspekt bei der Topfauswahl.

Topffüße halten den Topf auf Abstand vom Untergrund und verhindern, dass sich auf der Terrasse Ränder bilden.

Moderne Kunststofftöpfe sind optisch nicht von echtem Ton unterscheidbar – aber viel leichter.

Topfgröße

Die Größe des neuen Topfs sollte im Durchmesser nur etwa 4 cm über der des vorherigen Topfs liegen. Damit ist gewährleistet, dass die Pflanze im Topf eine gute Standfestigkeit behält, außerdem ist das Anwurzeln und Durchwurzeln schneller abgeschlossen.

Topffüße

Schließlich empfiehlt sich in jedem Fall der Einsatz von Topffüßen aus Terrakotta. Diese sehen edel aus, helfen beim Wasserabfluss und vermeiden Topfränder auf der Terrasse.

Material

Die „Gretchenfrage“ bei der Auswahl des Topfs lautet meist „Terrakotta oder Kunststoff?“. Beide Materialien haben Vorzüge und Nachteile.

Terrakottatöpfe sind eine sehr ästhetische und historischen Vorbildern entsprechende Wahl. Sie besitzen eine höhere Standfestigkeit. Für Kunststofftöpfe sprechen das geringere Gewicht, die günstigere Anschaffung und die leichtere Handhabung. Am besten kombiniert man die Vorteile beider Materialien, indem man einen Pflanztopf aus Kunststoff mit einem Übertopf aus Terrakotta kombiniert.

Die perfekte Erde

Die Erde sollte sowohl durchlässig als auch strukturstabil sein und enthält daher in etwa je 37,5 % Torf und Gartenerde, 10 bis 15 % Tonerde und 10 % feste Bestandteile wie Lavagestein oder Schotter. Der pH-Wert der Erde sollte bei 5,5 bis 6,0 liegen – sie ist also leicht sauer. Die benötigte Erde können Sie selbst zusammenstellen oder schon als fertige Zitruserde im Fachhandel erwerben. Eine Dränage zur Vermeidung von Staunässe im unteren Drittel des Topfs ist hilfreich. Dafür können Sie ein praktisches Dränagekissen verwenden.

Schritt für Schritt

Beim Umtopfen nehmen Sie zunächst den Ballen aus dem alten Topf und entfernen verbrauchte Erde sowie Moos oder Unkraut. Anschließend werden die Wurzeln am Ballen ein wenig aufgeraut, damit sie sich vom Ballen lösen. Als Nächstes wird der Ballen in dem neuen Topf auf die Dränage und eine erste Schicht Erde gestellt und gerade ausgerichtet. Die Veredelungsstelle bleibt dabei oberhalb der Erde, damit sie nicht durch Feuchtigkeit belastet wird. Anschließend werden die Zwischenräume zwischen Ballen und Topf

Das Abflussloch wird am besten mit einer größeren Scherbe abgedeckt, damit es nicht verstopft.

Der Topfboden wird mit einer Dränageschicht aus Kies, Schotter oder Poroton befüllt.

Vorsichtig wird die Pflanze aus dem Topf gezogen. Bei Bedarf vorher gießen, dann lösen sich die Wurzeln leichter.

Nach dem Auffüllen mit Erde muss diese mit den Fingern fest angedrückt werden.

mit Erde angefüllt, die fest angedrückt wird. Zwischendurch sollte immer wieder auf die gerade Ausrichtung der Pflanze geachtet werden. Wenn der Topf vollständig mit neuer Erde gefüllt und bedeckt ist, wird durchdringend gegossen. Beim Umtopfen im späten Winter reicht dieses Gießen in der Regel für mehrere Wochen.

Schließlich wird die neue Erde intensiv und durchdringend angegossen, damit die Pflanze anwurzeln kann.

IMMER ALLES SENKRECHT

Bei größeren Pflanzen ist wichtig, dass diese möglichst gerade umgetopft werden. Am besten lassen Sie sich beim Umtopfen helfen und justieren die Pflanze, indem Sie den geraden Stand aus mindestens zwei Richtungen prüfen. Achten Sie auch, dass das Andrücken der Erde gleichmäßig erfolgt, damit die Pflanze nicht die Ausrichtung ändert.

Gießen der Zitruspflanzen

Bei der Versorgung der Pflanzen mit Wasser ist das Klima der subtropischen Herkunftsgebiete maßgeblich. Dort haben sich Zitruspflanzen an lange Phasen ohne Niederschläge gewöhnt, die im Wechsel mit Phasen heftiger Niederschläge stehen. Ebenso ist das Wachstum der Wurzeln entscheidend für das richtige Gießen.

Wie häufig wird gegossen?

Die Botanik der Zitruspflanzen führt zu einem sehr typischen Wasserbedarf, den jeder erfolgreiche Zitrusgärtner gut kennt. Wie so oft bringt es die Formel „weniger ist mehr“ auf den Punkt: Zitruspflanzen sollten nur gegossen werden, wenn mindestens die obere Hälfte der Erde ab-

Mit einem Feuchtigkeitsmesser kann man das Übergießen der Pflanzen ausschließen.

getrocknet ist. Dies lässt sich mit dem Finger überprüfen, besser und präziser sind allerdings Feuchtigkeitsmesser, bei denen eine lange Sonde die Feuchtigkeit in tieferen Schichten der Erde misst. Es dauert relativ lange, bis am Laub der Zitruspflanzen erhöhter Wasserbedarf erkennbar ist. Sich längs einrollende Blätter deuten daraufhin, dass die Pflanze gegossen werden muss. Es handelt sich um einen Effekt, der die Verdunstung reduziert, indem die Wasser verdunstende Blattoberfläche verändert wird. Doch bei diesem Effekt muss man aufpassen: Bei zu hoher Nässe rollen sich die Blätter ebenfalls ein!
Der Wasserbedarf ist höher, wenn die Pflanze im Wachstum ist, also austreibt, Knospen bildet, blüht und Früchte bildet. Höhere Temperaturen ab 10 bis 12 °C führen wie Sonnenschein zu mehr Wasserbedarf. Da Wind zu mehr Verdunstung führt, kann nach warm-windigen Tagen häufig ein größerer Wasserbedarf erwartet werden. Wenn es hingegen sehr heiß ist, reduziert die Pflanze die Verdunstung, sodass der Wasserbedarf nicht proportional mit der Temperatur steigt. Regen reduziert gleichfalls den Wasserbedarf, sodass weniger gegossen werden muss.

Wann wird gegossen?

Im zeitgen Frühjahr, wenn die Nachttemperaturen unter 10 °C liegen, ist der Wasserbedarf noch gering. Erst wenn die Pflanze „anspringt", also neues Laub und Knospen gebildet werden, sollten Sie zum wöchentlichen Gießen übergehen und dabei immer den Feuchtegehalt der Erde überprüfen. Während des Sommers sollte der Wasserbedarf der Pflanzen wöchentlich überprüft und nur bei Bedarf gegossen werden. Sobald es im September und Oktober kühler wird, sinkt der Wasserbedarf. Wenn die Pflanzen in einem kühlen Winterquartier in der Winterruhe sind, kommen sie häufig mit ganz wenig Wasser aus. Auch die Tageszeit für das Gießen ist wichtig. Ideal ist der Morgen, wenn die Temperaturunterschiede zwischen der Pflanze und dem Gießwasser gering sind.

Beim Gießen gilt: seltener, dann aber durchdringend!

Wie wird richtig gegossen?

Um Zitruspflanzen richtig gießen zu können, ist es sinnvoll, sich vorzustellen, was mit dem Gießwasser in der Erde passiert: Nachdem das Wasser auf die Pflanzscheibe gegossen wird, versickert es in der Erde. Dabei kommt es einmal schneller, an anderer Stelle langsamer voran. Es wird von wasserspeichernden Materialien aufgenommen, sodass sich das Volumen an Wasser in fortschreitender Tiefe verringert. Richtiges Gießen heißt also, dass die Pflanze selten und nur bei Bedarf Wasser bekommt, dann aber intensiv und durchdringend gegossen wird. Zum Gießen können Sie Leitungswasser nehmen, denn der Bedarf an Kalzium ist nicht so gering, wie lange vermutet.

Zitruspflanzen richtig düngen

Zitruspflanzen benötigen wie alle anderen Pflanzen nicht nur Wasser, sondern auch Nährstoffe, um zu wachsen und zu gedeihen. Zwar sind im Gießwasser bereits Nährstoffe enthalten, jedoch reichen diese in der Kübelkultur meist nicht aus, um die Zitruspflanzen ausreichend zu versorgen.

Dünger-Basiscs

Wie bei allen Kübelpflanzen fehlt den Zitruspflanzen die natürliche Zufuhr von Nährstoffen aus zersetztem organischem Material, wie sie in gesunder Gartenerde erfolgt. Folglich ist in der Wachstumszeit eine regelmäßige, stets bedarfsorientierte Düngung nötig.
In der Pflanzendüngung werden die Pflanzen mit den Hauptnährstoffen Stickstoff (N), Phosphor (P) und Kalium (K) sowie mit Spurenelementen versorgt, die in gebundener Form wie etwa Phosphat im Dünger enthalten sind. Der Stickstoff-Anteil der Düngung beeinflusst das Wachstum der Pflanzen, der Phosphor-Anteil die Blütenbildung und der Kalium-Anteil die Fruchtbildung und die Gesundheit der Pflanzen.

Wann und wie oft wird gedüngt?

Die Häufigkeit der Düngung hängt ganz von der Vegetation der Pflanzen ab, die sich wiederum aus den jahreszeitlichen und klimatischen Bedingungen ergibt. In der Hauptwachstumsphase im Frühjahr und Sommer ist der Nährstoffbedarf der Zitruspflanzen hoch, in der Winterruhe dagegen gering. Daher sollte die Düngung von April bis August erfolgen, dann aber langsam auslaufen und eingestellt werden. Die Düngung muss erst später einsetzen, wenn die Pflanzen im Februar oder März umgetopft wurden. Die neue Erde versorgt die Pflanzen für etwa sechs Wochen ausreichend mit Nährstoffen.
Da die Düngung von Zitruspflanzen über das Gießwasser erfolgt, ist es sinnvoll, sich beim Düngen wie beim Gießen am Wasserbedarf bzw. -verbrauch der Pflanzen zu orientieren. Ist die Erde in der Wachstumsphase abgetrocknet, sollte gegossen werden. So kommt man bei normaler Witterung auf einen wöchentlichen Düngezyklus, der die Pflanzen ausreichend mit Nährstoffen versorgt.
Natürlich ist auch beim Düngen Geduld gefragt: Zitruspflanzen brauchen in Abhängigkeit ihrer Vegetation in der Regel mehrere Wochen, bis sie eine Pflegemaßnahme umgesetzt haben. Wird etwa wegen einer Chlorose, einem Eisenmangel, gedüngt, um die typischen gelben Blattmuster zu beseitigen, wird es einige Zeit dauern, bis sich das Laub wieder dunkelgrün verfärbt.

Der richtige Dünger

Der passende Dünger sollte vor allem auf die spezifischen Bedürfnisse der Pflanzen abgestimmt sein. Es empfiehlt sich, einen Zitrusdünger zu wählen, der nicht nur eine passende Nährstoffkombination, sondern auch Magnesium und Spurenelemente wie Bor, Kupfer, Eisen, Mangan, Molybdän und Zink enthält. Bei den Hauptnährstoffen ist eine Zusammensetzung aus 20 % Stickstoff, 5 % Phosphat, 15 % Kalium und 2 % Magnesium empfehlenswert.

Spezialdünger sind besser

Beim Auswählen des Düngers ist auch die Darreichungsform wichtig. Es sollte stets ein auf Zitruspflanzen abgestimmtes Düngeprodukt, also ein Zitrusdünger, gewählt werden. Zitrusdünger gibt es als Flüssigdünger, in Pulverform und als Langzeitdünger. Während Langzeitdünger für die bequeme Pflege geeignet ist, kann mit einem Volldünger in Pulverform gezielt gedüngt werden. Flüssigdünger sind einfacher zu dosieren und ein Überdüngen ist selten möglich. Da sie aber weniger ergiebig sind als Dünger in Pulverform, sollten Sie, wenn Sie viele Pflanzen zu versorgen haben, auf kristalline Dünger zurückgreifen.

VON DEN PFLANZEN LERNEN

Auch beim Düngen gilt: Versuchen Sie Ihre Pflanzen zu verstehen. Sie nehmen nur dann Nährstoffe aus dem Boden auf, wenn es warm ist und sie Wasser verdunsten. Wenn Ihre Zitruspflanzen große Aufgaben erfüllen, wie das Bilden von neuen Trieben, von Knospen, Blüten und Früchten, dann brauchen Sie zusätzliche Nährstoffe. In der Winterruhe, wenn das Wachstum pausiert, muss also nicht gedüngt werden.

Besonders ergiebig ist Mineraldünger, der in kristalliner Pulverform ins Gießwasser gegeben wird.

Für Zitrusgärtner, die weniger Zeit für die Pflege aufbringen können, empfiehlt sich ein Langzeitdünger.

Zitruspflanzen schneiden

Ein Pflanzenschnitt erfüllt viele Funktionen, ist aber auch ein gravierender und vor allem unumkehrbarer Eingriff, der daher sehr behutsam durchgeführt werden sollte. Bei Zitruspflanzen, die bei uns nur langsam wachsen, sollte daher stets sehr zurückhaltend geschnitten werden.

Warum schneiden?

Zitruspflanzen, die gesund sind und gut gedeihen, benötigen zunächst einmal aus botanischer Sicht keine Schnittmaßnahmen. Vor allem ist ein drastischer Rückschnitt gesunden Holzes, wie man ihn von heimischen Obstgehölzen kennt, in keiner Weise nötig oder zu empfehlen. Dennoch sollte im Zitrusgarten die Schere stets griffbereit sein, um die Kultivierung der Pflanzen zu erleichtern und zu verbessern.
Ein sehr naheliegender Anlass, Zitruspflanzen zu schneiden, ergibt sich beim sogenannten Erhaltungsschnitt. Diese Schnittmaßnahmen helfen der Pflanze bei einem gedeihlichen Wachstum, indem abgestorbene Pflanzenteile entfernt werden. Dagegen ist der Erziehungsschnitt schon ein weit künstlicherer Eingriff, denn dabei werden der Aufbau und die Krone der Pflanze in eine nach ästhetischen oder produktiven Gesichtspunkten günstigere Form gebracht.

Erhaltungsschnitt

Beim Erhaltungsschnitt, der ganzjährig erfolgen kann, werden abgestorbene Pflanzenteile wie Zweige und Äste entfernt. Man erkennt diese daran, dass sie braun oder welk sind. Der Schnitt erfolgt so, dass er bis knapp in das angrenzende, lebende Holz reicht. Sie entfernen also etwas mehr als nötig, damit die Pflanze die Schnittwunde wieder verschließen kann. Liegt die Schnittstelle nah am Stamm, sollte möglichst glatt abgeschnitten werden, damit keine hässlichen Stümpfe stehenbleiben.
Zum Erhaltungsschnitt gehört ebenfalls das Entfernen von sogenannten Wasserschossen, also schnell wachsenden Trieben, die gerade bei Limetten gerne in der zweiten Sommerhälfte entstehen. Da diese Triebe häufig nicht fruchtbar sind, zudem auch die Geschlossenheit der Krone stören, können sie jederzeit entfernt werden.

Erziehungsschnitt

Der Erziehungsschnitt dient vor allem ästhetischen Gesichtspunkten, aber auch dem funktionalen Aufbau der Krone einer Zitruspflanze. Die ideale Jahreszeit für den Erziehungsschnitt ist der späte Winter, also im Februar oder März. Zitruspflanzen werden in verschiedenen For-

Beim Erhaltungsschnitt werden vor allem abgestorbene Zweige entfernt.

Der Erziehungsschnitt bringt die Krone in Form, indem über sie herauswachsende Triebe eingekürzt werden.

men wie etwa Busch, Hochstamm, Halbstamm, Flachspalier, Rundspalier oder Pyramide geschnitten. Der Aufbau dieser Formen erfolgt in der Regel in der Baumschule und sollte sinnvollerweise beim privaten Besitzer fortgeführt werden. Während der Formpflanzenschnitt bei Spalieren und Pyramiden schon ein wenig Geschick erfordert, ist das Schneiden von Stämmen oder Büschen ganz einfach. Zunächst muss erst einmal Substanz vorhanden sein, die zu beschneiden ist: Die Pflanze sollte also eine nennenswerte Größe erreicht haben. Dann kann und sollte ganz moderat die Krone rund geschnitten werden, indem überdurchschnittlich stark gewachsene Triebe entfernt werden. Auch sich kreuzende oder stark nach innen wachsende Triebe können entfernt werden. Bei kleineren und mittelalten Pflanzen sollte darauf geachtet werden, dass neben einem Haupttrieb etwas nachgeordnete Nebentriebe entstehen.

Schnitt-Praxis

Das Schneiden der Zitruspflanzen erfordert ein wenig Geschick und eine scharfe Schere. Halten Sie diese stets sauber, damit sich keine Krankheitserreger übertragen. Die Schere sollte gut in den Händen liegen, damit eine optimale Hebelwirkung entsteht. Bei einem missglückten Schnitt mit gesplitterter oder gefaserter Schnittstelle sollten Sie nachschneiden, damit die Schnittstelle glatt ist. Zum Entfernen eines kompletten Zweigs legen Sie die Klinge der Gartenschere gegen die Wuchsrichtung an den Zweig an und schneiden dann. So erhalten Sie eine glatte Schnittstelle und vermeiden unansehnliche Stümpfe. Ist der Platz im Winterquartier begrenzt, wird vor der Überwinterung geschnitten. zu große Äste werden entfernt, damit sich die Pflanzen nicht gegenseitig beschatten. Entfernen Sie dabei nur das Nötigste. Oft reicht ein Zusammenbinden der Zweige aus.

Zitruspflanzen vermehren

Als wertvolle Kulturpflanzen werden Zitruspflanzen in vielen Baumschulen entlang des Zitrusgürtels vermehrt, veredelt und gezüchtet. Doch auch für ambitionierte Hobbygärtner kann die Vermehrung von Zitruspflanzen eine spannende Erfahrung sein. Die Vermehrung lohnt sich vor allem bei seltenen Raritäten und alten Zitrussorten, denn Pflanzen dieser Sorten sind selten und schwer zu beschaffen. Die Vermehrung von Zitruspflanzen kann – wie bei vielen anderen Kulturpflanzen auch – generativ oder vegetativ erfolgen. Unter generativer Vermehrung versteht man die Vermehrung im Rahmen der natürlichen Fortpflanzung der Pflanzen über Samen, die vegetative Vermehrung dagegen reproduziert eine Mutterpflanze aus einem abgeschnittenen Pflanzenteil.

So einfach geht's: Legen Sie einen Zitruskern in feuchte und durchlässige Erde und warten Sie auf den Keimling.

Aussaat

Bei der Vermehrung durch Aussaat von Kernen wird die natürliche Fortpflanzung nachvollzogen. Da diese als eine in der Evolution der Pflanze entstandene Methode recht einfach und effektiv ist, kann sie ohne Probleme von Hobbygärtnern angewendet werden. Man nehme dazu einen oder mehrere Kerne von Zitrusfrüchten der gewünschten Sorten. Die den Früchten entnommenen Kerne werden grob gereinigt und danach einige Tage getrocknet. Anschließend werden sie in Anzuchttöpfchen mit Zitruserde gesteckt, die Kerne sollten ca. 5 cm unter der Erde sein. Danach die Erde angießen und feucht und warm halten. Die Keimung dauert einige Wochen und nach der Keimung benötigen die Jungpflanzen einen hellen Platz am Fenster. Zitruskerne zum Keimen zu bringen, gelingt recht gut, allerdings kann es durchschnittlich vier Jahre dauern, bis die ersten Knospen kommen. In ungünstigen

Fällen kann es passieren, dass die neue Pflanze aus einer Hybride stammt, daher selbst steril ist und keine Blüten gebildet werden.

Stecklinge

Sicherer und schneller als die generative Vermehrung ist die vegetative Methode wie etwa mit Stecklingen, bei der schon geschlechtsreife Pflanzenteile eingesetzt werden. Die Stecklingsvermehrung sollte im Sommer durchgeführt werden, wenn die Wärme das Pflanzenwachstum anregt. Für Stecklinge verwendet man einen 5 bis 10 mm dicken Zweig aus einjährigem Holz, der in Teile à 10 cm geschnitten wird, die wiederum jeweils einige Blätter haben. Die Blätter werden bis auf zwei sich an der Spitze gegenüberstehende Blätter entfernt. Danach werden die Stecklinge in Anzuchtgefäße gesteckt, die mit durchlässiger Zitruserde gefüllt sind. Die Erde sollte stets feucht gehalten werden, die Pflanzen dürfen keinesfalls übergossen werden. Die Stecklinge werden sonnig und warm aufgestellt, die Wurzelbildung dauert vier bis sechs Wochen. Danach können die Stecklinge noch einmal umgepflanzt werden, wenn sie Platz benötigen und weiter zu schönen Zitruspflanzen heranwachsen sollen.

Veredelung

Die Veredelung ist die häufigste Form der Vermehrung von Zitruspflanzen. Dabei wird durch Kombination zweier unterschiedlicher Pflanzen – einem Edelreis und der Veredelungsunterlage – eine neue Pflanze geschaffen. Die Unterlage ist häufig eine robuste Art wie *Poncirus trifoliata* oder *Citrus macrophylla*, das Edelreis stammt von einer Mutterpflanze der gewünschten Sorte z. B. einem Zitronenbaum. Das Edelreis wird auf Höhe einer Knospe abgeschnitten und hinter die Rinde der Unterlage gesteckt, die mit einem T-Schnitt geöffnet wurde. Pflanzenbast verbindet Unterlage und Edelreis und sollte mindestens zwei Monate an der Pflanze bleiben.

Bei der Stecklingsvermehrung ist ein scharfes Messer wichtig.

Der Steckling wird dann fest in die Erde gesteckt und angedrückt.

Geniale Pflegetipps

Die richtige Pflege an passenden Sommer- und Winterstandorten ist nicht nur eine wesentliche Voraussetzung für gedeihliches Wachstum. Vielmehr ist bedarfsgerechtes Gießen und Düngen, moderates Schneiden und Umtopfen zugleich eine gute Vorbeugung gegen Schädlinge und Krankheiten. Die beste Vorbeugung ist aber die regelmäßige Beschäftigung mit den Pflanzen, bei der man Schädlinge und Krankheiten frühzeitig entdeckt. In diesen Fällen ist es meist noch möglich, den Pflanzen mit konventionellen Methoden zu helfen.

Gerade wenn Zitruspflanzen üppig wachsen und fruchten, sollte man häufiger nach ihnen sehen, damit sie die richtige Pflege erhalten.

Pflegetipps aus der Praxis

Zitruspflanzen sind pflegeleicht. In der Zitruspraxis haben sich fünf wichtige Pflegemaßnahmen etabliert, mit denen sich der Zitruserfolg sicher einstellt. Duftende Blüten und schöne wie saftige Zitrusfrüchte sind eine wunderbare Belohnung, wenn man sich an diesen Pflegetipps orientiert.

1. Gießen und düngen

Zitruspflanzen sind pflegeleicht und leiden regelmäßig nicht an zu wenig Pflege, sondern eher an zu viel, wenn es die Zitrusgärtnerinnen und -gärtner zu gut meinen. Lassen Sie also die Erde abtrocknen, bevor Sie erneut gießen. Ein Feuchtigkeitsmesser für Pflanzenerde hilft Ihnen, festzustellen, ob die Zitruspflanze Durst hat oder nicht. Düngen Sie nur, wenn die Pflanze Nährstoffe für Austrieb und Blüten- und Fruchtbildung benötigt.

2. Manche mögen's warm

Zitruspflanzen stammen aus subtropischen Regionen und benötigen Wärme und Sonne, um nachhaltiges Pflanzenwachstum zu erreichen. Suchen Sie für Ihre Pflanzen einen Platz unter freiem Himmel, an dem sie von April bis Oktober möglichst viel Sonne haben und möglichst lange warm stehen. Dabei ist Morgensonne wertvoller als späterer Sonnenschein, da die frühe Sonne früher die Luft erwärmt und sich die Wärmesumme erhöht.

3. Weniger ist mehr

Zitruspflanzen wachsen langsam, da sie – je nach Winterverlauf – eine längere Wachstumspause haben. Daher sind Pflegemaßnahmen wie das Umtopfen und das Schneiden der Pflanzen ganz moderat durchzuführen. Die Pflanzen sollten nur geschnitten werden, wenn sie vorher üppig gewachsen sind und die Krone wieder in Form gebracht werden muss. Abgestorbene Äste und Zweige sollten entfernt werden. Auch beim Umtopfen ist Zurückhaltung geboten: Nur alle zwei bis drei Jahre ist ein neuer, etwas größerer Topf nötig. Wählt man einen Topf, der deutlich größer ist, verlangsamt sich regelmäßig das Wachstum der oberirdischen Pflanzenteile.

4. Pflanzen kennenlernen

Zitruspflanzen sind Lebewesen, die sich nicht nur nach Arten und Sorten unterscheiden. Auch Alter und Herkunft führen zu Unterschieden in der Reaktion auf Pflegemaßnahmen. Da diese je nach Wetter und Wärme regelmäßig erst mit einer Verzögerung eintritt, ist es umso wichtiger, die Pflanzen gut zu kennen. Beobachten Sie, wie die Pflanzen auf Veränderungen der äußeren Bedingungen reagieren. Wann trocknet die Erde schneller ab, wann bilden sich Austrieb und

Eines der häufigsten Probleme bei falscher Überwinterung – Blattverlust bei Zitruspflanzen.

Knospen? Auf diese Weise und mithilfe von Sensoren, wie etwa dem Feuchtigkeitsmesser, wächst das Wissen über die Zitruspflanzen und damit die Voraussetzung für eine große und gesunde Zitrussammlung.

5. Richtig überwintern

Zitruspflanzen sind außergewöhnliche Pflanzen, die im Winter eine besondere Fürsorge benötigen. Nur wenn die Überwinterung der Pflanzen gut verläuft, kann die Pflanze im Frühjahr, im Sommer und auch noch im Herbst draußen wachsen, blühen und die begehrten goldenen oder gelben Früchte bilden. Daher sollte vor der Anschaffung einer Zitruspflanze die Überwinterung geklärt sein. Idealerweise ist das Winterquartier um 5 °C kühl, aber dennoch hell. Ist ein solches kühles Überwinterungsquartier nicht

002

Der 5-Fragen-Check zur Pflege
Hier finden Sie die häufigsten Pflegefehler bei Zitruspflanzen.

Spinnmilben zeichnen sich durch zahlreiche winzige Einstichstellen auf dem Blatt aus.

Schildläuse gehören zu den häufigsten und lästigsten Schädlingen bei Zitruspflanzen.

verfügbar, kann eine Pflanzenlampe eingesetzt werden, damit bei höheren Temperaturen im Winter genügend Licht zur Verfügung steht.

Die häufigsten Schädlinge

Nicht jedes Insekt, das auf einer Zitruspflanze entdeckt wird, ist ein Schädling und nicht jeder Schädling führt zu einer Beeinträchtigung der Pflanze. In der Regel ist nur ein starker Befall für die Pflanzen gefährlich, sodass die frühzeitige Entfernung von Schädlingen die beste Methode ist, die Pflanzen zu schützen.

Besonders leichtes Spiel haben Schädlinge, wenn die Standortbedingungen Zitruspflanzen schwächen, für die Vermehrung der Schädlinge dahingegen günstig sind. Diese Konstellation trifft auf einen der gefürchtetsten Zitrusschädlinge zu – die **Spinnmilbe**. Diese tritt regelmäßig in warmen Winterquartieren auf, wo sie die Pflanzen mit Gespinsten überzieht, sodass Blattabwurf, Wachstumsstillstand und Deformationen von Blättern die Folge sind. Spinnmilben bevorzugen trockene Luft, regelmäßiges Besprühen der Pflanzen mit Wasser wirkt vorbeugend. Ist der Befall zu stark, muss auf chemischen Pflanzenschutz aus dem Fachhandel zurückgegriffen werden. Läuse können Zitruspflanzen – nicht nur in einem trocken-warmen Winterquartier, sondern auch draußen – ebenfalls zusetzen. Besonders häufig treten **Schildläuse** auf, die sich mit ihrem dunkel- bis hellbraunen, schildförmigen Panzer zunächst recht gut an Blattunterseiten und auf Zweigen und Ästen verstecken können. Sollten Schildläuse aber überhandnehmen, sieht die Krone häufig schmutzig-grau aus. Läuse wie etwa die Schildläuse verraten sich durch einen klebrigen Überzug der Blätter, der vom Zucker stammt, den die blattsaugenden Schädlinge verteilen. Dieser Zucker ist es, der Ameisen anlockt, die so ein deutliches Anzeichen für einen Läusebefall sind. Häufig tritt ein schwarzer Rußpilz in Verbindung mit Läusen auf, der Pilz bildet sich auf den Zuckerflächen.

Auch **Wollläuse** lassen sich an klebrigen Blattoberflächen und Pilzbefall ausmachen, insgesamt

Verbrannte Blattspitzen können bei trockener Hitze, vor allem im Hochsommer auftreten.

Flächige Gelbfärbungen sind häufig ein Symptom für Nährstoffmangel, z.B. bei Eisenmangel (Chlorose).

sind sie mit ihrem weißen Äußerem und den langen Antennen deutlich auffälliger als Schildläuse. Wollläuse überziehen Blattoberflächen und Astgabeln mit einer weißen, wolligen Wachsschicht, in der sie ihre Eier ablegen. Wie Schildläuse lassen sie sich am besten mechanisch entfernen. Entweder nimmt man einen Lappen, der mit Alkohol getränkt sein kann, oder eine alte Zahnbürste. Ein scharfer Strahl aus dem Wasserschlauch kann helfen, Wollläuse zu beseitigen. Ist der Befall schon weiter fortgeschritten, hilft eine Seifenlösung, bei der ein Esslöffel Schmierseife auf einen Liter Wasser gegeben wird. Beim Besprühen oder Abspritzen der Pflanzen sollten diese immer hingelegt werden, damit das verunreinigte Wasser nicht in die Erde gelangt.

Zitruskrankheiten

In einer so großen Pflanzenfamilie wie es *Citrus* ist, kommen regelmäßig gravierende oder weniger gravierende Virus- oder Pilzerkrankungen vor. Viele zeigen sich durch Missbildungen, Verformungen oder absterbende Stellen an den Blättern, aber auch Fäulnis am Stamm kann eine Infektion anzeigen.

Wichtig ist bei allen Befunden, dass dieser – möglicherweise mithilfe von Experten – eindeutig identifiziert wird, damit die richtige Therapie zur Anwendung kommt. Bekannte Symptome sind z. B. sich kräuselnde Blätter oder bei der Spitzendürre an der Blattspitze absterbende Blätter. In solchen Fällen, die nicht immer lebensbedrohlich sein müssen, sollten betroffene Blätter entfernt werden. So kann man den weiteren Verlauf einer Infektion kontrollieren. Lässt sich diese nicht stoppen, können Sie über den Fachhandel geeignete Präparate beziehen und einsetzen.

003

Schnell Hilfe bei Problemen
Einen Überblick über Schadsymptome mit vielen Bildern gibt es hier.

Zitrusfrüchte genießen

Goldene Orangen, frische Zitronen und spritzige Limetten – das ist nur eine kleine Auswahl der großen Vielfalt an Früchten, die Zitruspflanzen bei guter Pflege selbst nördlich der Alpen liefern können. Eigene Zitrusfrüchte zu ernten und zu genießen, das gehört zu den besonderen Freuden beim Gärtnern und ist eine üppige Belohnung für den überschaubaren Pflegeaufwand.

Eine besondere Frucht

Wer mag sie nicht, die leckeren Mandarinen in der Weihnachtszeit, die man leicht schälen und in Herzen zerteilen kann? Wie die Mandarinen sind auch alle anderen Zitrusfrüchte aufgebaut. Eine äußere, manchmal recht dicke Schale sorgt für den Schutz von Kernen und Fruchtfleisch. Darunter befindet sich das weiße Albedo, eine schützende Innenhaut, die bei beliebten Naschfrüchten wie Mandarinen oder Clementinen eher dünn ist. Im Inneren der Früchte befinden sich dann die Segmente oder Herzen, die innen Saftschläuche vorweisen, welche gerade bei Saftorangen prall gefüllt sind. Genießbar sind bei einer unbehandelten Frucht bis auf den verholzten Stiel alle Teile. Je nach Säure und Saftgehalt gibt es bei den vielen Zitrusarten recht unterschiedliche Verwendungen.

Gesünder genießen

Zitrusfrüchte werden in vielen Ländern produziert und dann exportiert. Leider wird beim Anbau und für den teilweise recht langen Transport chemischer Pflanzenschutz eingesetzt, der den Verzehr der konventionellen Zitrusfrüchte belastet. So ist es empfehlenswert, sich nach dem Schälen von konventionellen Orangen oder Mandarinen die Hände zu waschen.
Zitrusfrüchte in Gänze – also mit ihren aromatischen Schalen – kann man genießen, wenn diese ohne Einsatz von Pflanzenschutz angebaut wurden. Die beste Bio-Qualität erreicht man natürlich durch die eigene Ernte, bei der man sehr bewusst auf chemischen Pflanzenschutz verzichten kann. Aber auch im Lebensmitteleinzelhandel wird das Angebot an Bio-Zitrusfrüchten immer größer.

Richtig aufbewahren

Die Qualität der im Handel angebotenen Zitrusfrüchte ist über die Bio- oder Nicht-Bio-Qualität hinaus meist recht gut.
Ein besonders aussagekräftiger Qualitätsindikator ist vor allem die Schale. Diese sollte glatt und unbeschädigt sein; glänzt sie nahezu übernatürlich, dürfte sie geölt, mit Pflanzenschutzmitteln behandelt und gewachst sein.

Leckere Marmelade aus dem Saft der üppig wachsenden Calamondin – eine echte Delikatesse.

Zitrusfrüchte sollten kühl gelagert werden, um vor allem der Schimmelbildung vorzubeugen. Vor der Lagerung empfiehlt sich ein heißes Abwaschen, damit Pilzsporen und andere Keime reduziert werden. In jedem Fall sollten Kunststoffnetze entfernt werden. Durch Küchenpapier, das zwischen die Früchte gelegt wird, lassen sich Wechselwirkungen zwischen den Früchten und der Umgebung reduzieren.

Naschmahlzeit für Zwischendurch

Am größten ist der Zitrusgenuss beim direkten Verzehr. Gerade die im Winter bzw. in der Weihnachtszeit angebotenen Mandarinen sind für Jung und Alt der Inbegriff des Zitrusgenusses. Besonders beliebt und begehrt sind die sogenannten „Easy Peeler", bei denen sich die Schale leicht von den Fruchtsegmenten trennen lässt. Orangen, die entweder als geschälte Fruchtherzen oder als in Achtel geschnittene Saftfrüchte angeboten werden, sind gleichfalls eine herrliche Ergänzung zum Frühstück oder ganztägig als Zwischenmahlzeit geeignet.

Zitrusfrüchte als Saftlieferanten

Frisch gepresster Orangensaft gehört sicher zu den beliebtesten kulinarischen Erzeugnissen aus der Zitrusfamilie. Gerade die besonders saftigen Blondorangen, aber auch die exotischen Blutorangen liefern besonders köstlichen Saft. Ebenso kann der Saft von Zitronen und Limetten viele Getränke mit der besonderen Würze und den beliebten frischen Zitrusaromen bereichern. Übrigens lassen sich Zitrone & Co. besser und ergiebiger auspressen, wenn sie vorher unter Druck über eine feste Unterlage gerollt werden. Das setzt den Saft frei.

Kochen und Würzen

So bunt und vielfältig wie die Welt der Zitrusfrüchte, so abwechslungsreich ist die Zahl der Gaumenfreuden, die bei vielen Zitrusrezepten locken. Zitrus lässt sich in Süßspeisen, Kuchen und Getränken verarbeiten, doch auch in herzhaften Rezepten wie Salaten, Fleisch- und Fischgerichten. Zitrusfrüchte verleihen Würze, eine besondere Ausgewogenheit aus Süße und Säure und die besondere Frische vieler saftiger Früchte. Klassiker sind Fischrezepte, die durch Zitronensaft veredelt werden, oder die berühmte „Ente à l'orange". Das Kochen mit Zitrusfrüchten bereitet umso mehr Freude, wenn die Früchte von eigenen Zitrusbäumen stammen.

Leckere Zitrusrezepte

Nicht nur der Verzehr der frisch geernteten Zitrusfrüchte, sondern vor allem die Verwendung von Zitrone, Orange & Co. in vielen spannenden Rezepten bereitet großes Vergnügen. Da Zitrusfrüchte sowohl in herzhaften Vor- und Hauptspeisen, aber auch in tollen Desserts, Kuchen und Getränken eingesetzt werden, ist die Vielfalt der Zitrusrezepte kaum zu überblicken. Besonders lecker schmecken mir die Folgenden:

Gerade zu Fischgerichten wie etwa Lachs-Tagliatelle passt das frische Zitrusaroma.

Zitronen-Lachs-Spaghetti

Ein einfaches, aber ausgesprochen pikantes Pasta-Gericht, bei dem als klassische Kombination Fisch und Zitrone ein aromatisches Duett anstimmen. Geht schnell und schmeckt immer lecker. Statt Räucherlachs können Sie auch vorgegarte Shrimps, Garnelen oder andere Meeresfrüchte verwenden. Wer keinen Fisch mag, nimmt Kochschinken oder auch Salsicce – eine besondere italienische Bratwurst.

Zutaten für 4 Personen:
500 g Spaghetti oder Tagliatelle
100 ml süße Sahne
4 EL Zitronensaft
4 TL Dijonsenf
2 EL grob gehackter Dill
2 EL Kapern
400 g geräucherter Lachs

Und so wird's gemacht:
1. Die Nudeln al dente kochen und nach dem Abgießen zurück in den Topf geben.
2. Die süße Sahne, Zitronensaft und Senf zu den Nudeln in den Topf geben und gut vermischen.
3. Dill, Kapern und das gestückelte Lachsfilet darunterheben und sofort servieren.

Nudelsalat à l'orange

Herzhafte Salate erhalten mit Zitrusaromen einen besonders frischen Geschmack. Dieser Nudelsalat à l'orange kann sowohl im Sommer sehr erfrischend, aber auch im Winter zur Reifezeit der Orangen passend sein. Alternativ zu Lachs können auch Krabben oder andere Meeresfrüchte verwendet werden.

Zutaten für 4 Personen:
2–3 Bio-Orangen
1 Bio-Zitrone
2 Äpfel
300 g geräucherter Lachs in Scheiben
1 Bund Frühlingszwiebeln
1 Bund frischer Dill
300 g Salatmayonnaise
300 g Joghurt
Pfeffer & Salz
Zucker
Meerrettich
300 g schwarze Oliven
500 g Nudeln

Und so wird's gemacht:

1. Die Orangen und die Zitrone auspressen und den Saft beiseite stellen. Die Äpfel werden ungeschält gewürfelt und sofort in den Zitronensaft gelegt, damit sie sich nicht braun verfärben. Auch der Lachs wird in kleine Stücke geschnitten, ebenso Frühlingszwiebeln und Dill.
2. Anschließend werden die Mayonnaise und der Joghurt mit dem Zitronensaft und den Apfelstückchen verrührt. Die Sauce wird süßsauer mit Pfeffer und Salz, Zucker und je nach Geschmack mit Meerrettich abgeschmeckt. Danach werden peu à peu der Dill und die Frühlingszwiebeln hinzugefügt. Achten Sie darauf, dass nicht zu viel Dill in die Soße kommt. Auch die Frühlingszwiebeln vorsichtig dosieren.
3. Schließlich werden der gewürfelte Lachs, die Oliven und die „al dente"-gekochten Nudeln untergehoben. Der Salat sollte vor dem Essen etwa drei Stunden kalt stehen, damit er gut durchziehen kann.

Ein Augen- und Gaumenschmaus – ideal für eine Party, da sich dieser Nudelsalat sehr gut vorbereiten lässt.

BLÄTTER, BLÜTEN, FORMEN

Porträts

Die besten Pflanzen

S. 64

Zitruspflanzen – die beliebtesten Arten

Zitrusfrüchte selbst zu ernten ist ein exotisches Vergnügen, das sich immer mehr Gärtnerinnen und Gärtner gönnen. Ideal für Anfänger sind Zitronen (S. 64), Orangen (S. 65), Limetten (S. 66) oder Mandarinen (S. 67). Unter diesen Arten gibt es viele spannende Sorten wie etwa

- die robuste Meyer-Zitrone
- die feurige Blutorange
- die vielseitige Calamondin
- die exotische Mandarinen-Limette

S. 71

Wieder im Trend – die „Alten Sorten"

Die Kulturgeschichte der Zitruspflanzen ist voller spannender Geschichten und abenteuerlicher Pfade, die diese Pflanzen genommen haben, bis sie bei uns in Nordeuropa angekommen sind. Umso fesselnder ist es, sich mit den sogenannten „Alten Sorten" zu beschäftigen. Wir stellen zwei ganz besondere Vertreter dieser Gruppe von Zitrussorten vor:

- die bizarre Buddhas-Hand-Zitrone
- die vielseitige und robuste Pomeranze

S.74

Keine „Frostbeulen" – (fast) winterharte Zitruspflanzen

Das ganze Zitrusreich ist von „Frostbeulen" bewohnt. Wirklich das Ganze? Nein! Einige Arten trotzen dem Winter und sind winterhart oder zumindest bedingt winterhart. Zwei dieser vielseitigen Arten, die in vielen Regionen ausgepflanzt werden können, stellen wir vor:

- ❑ die einzigartige Dreiblättrige Orange
- ❑ die japanische Yuzu

S.64

Nr. 1 – die Zitrone

Die Vielfalt und die Vielzahl der Arten und Sorten sind riesig. Die beliebteste aller Zitruspflanzen ist aber die Zitrone, die besonders regelmäßig und langanhaltend blüht und Früchte bildet.

Eureka-Zitrone

Citrus × limon 'Eureka'

Wuchs Schnellwüchsig, oft als Hoch- und Halbstämme, Pyramiden und Spaliere angeboten. Durch den sparrigen Wuchs Schnitt nötig,
Blüten Frühjahr bis in den Herbst. Zunächst violett, dann strahlend weiß.
Blätter Breiter, aber dennoch zugespitzt, Triebe mit wenigen, kleinen Dornen. Das Grün des Laubs ist bei den jungen Blättern etwas heller als bei anderen Zitrusarten. Austrieb dunkelviolett.
Früchte Die zahlreichen Blüten liefern viele Früchte, die lange am Baum bleiben.
Frosthärte –2 °C
Standort & Überwinterung Dieser Zitronenbaum ist eine Freilandpflanze, die im Sommer sonnig und warm steht, im Winter bevorzugt sie ein kühles und helles Winterquartier.
Schwierigkeitsgrad Die robuste und schnellwüchsige Eureka-Zitrone ist die ideale Einsteigerpflanze für Zitrusgärtner.

Meyer-Zitrone

Citrus × limon 'Meyeri', Syn. *Citrus × meyeri*

Wuchs Wächst langsamer und kompakter als die Eureka-Zitrone und ist daher für kleinere Terrassen und Balkone gut geeignet.
Blüten Schöner Farbwechsel von Violett zu edlem Weiß. Blüht zweimal im Jahr.
Blätter Etwas kleiner als die der Eureka-Zitrone, kleine, unauffällige Dornen.
Früchte Zahlreich, eher rund als oval und in der Reife satt gelborange. Die Meyer-Zitrone ist eine Kreuzung aus Zitrone und Orange und daher etwas milder als die normale Zitrone.
Frosthärte Robuste, bis zu –5 °C.
Standort & Überwinterung Kann sowohl als Freiland- als auch als Zimmerpflanze kultiviert werden. In der Wohnung sollte sie aber sehr hell stehen.
Schwierigkeitsgrad Die Meyer-Zitrone ist besonders pflegeleicht und daher für Pflanzen-Einsteiger geeignet.

Blondorange

Citrus × sinensis 'Valencia Late'

Wuchs Schnell und aufrecht, Krone kompakt und ausgewogen.
Blüten Knospen und Blüten sind reinweiß und duften besonders intensiv. Die Blüte erfolgt im Frühjahr und im Spätsommer.
Blätter Lanzettförmig, dunkelgrün. Die Pflanzen sind meist dornenlos.
Früchte Sie sind zunächst glänzend grün, verfärben sich bei kühlen Temperaturen in das charakteristische Orange.
Frosthärte Blondorangen sind normal frostresistent, also bis –2 °C.
Standort & Überwinterung Ein sonniger Standort ist entscheidend. Die Pflanze benötigt im Winter ein kühles und helles Winterquartier, sie eignet sich nicht als Zimmerpflanze.
Schwierigkeitsgrad Die vergleichsweise anspruchslosen Orangen können auch von Zitrus-Einsteigern problemlos kultiviert werden.

Blutorange

Citrus × sinensis 'Sanguinello'

Wuchs Schnell und ausgewogen. Lassen sich leicht in einer kompakten Kronenform halten.
Blüten Mit dunkelroter Pigmentierung, die auf die spätere Fruchtfärbung hinweist.
Blätter Schmal und lanzettförmig. Die Blattfarbe ist ein edles Dunkelgrün, Dornen sind selten.
Früchte Die Früchte sind innen und außen dunkelrot. Diese dunkelrote Färbung entsteht an reifenden Früchten bei kühlen Nachttemperaturen.
Frosthärte Die Frosthärte der Blutorange liegt bei 0 °C.
Standort & Überwinterung Der Standort im Freien ist besonders warm und sonnig. Das Winterquartier dagegen kühl und hell. Die Überwinterung sollte nicht zu früh beginnen, damit die Rotfärbung eintreten kann.
Schwierigkeitsgrad Die Blutorange ist trotz eines etwas höheren Wärmebedarfs eine pflegeleichte Zitrussorte.

Mexikanische Limette

Citrus × aurantiifolia

Wuchs Mexikanische Limetten wachsen kompakt, aber eher langsam. Im Sommer treten sogenannte Wasserschosse auf – schnell wachsende Triebe, die entfernt werden sollten.
Blüten Klein, filigran und hellweiß.
Blätter Die Blätter sind kleiner und hellgrün, die Pflanzen tragen kurze, unscheinbare Dornen.
Früchte Rund. Bleiben nur grün, wenn sie vor der Reife und bevor es nachts kühl wird, geerntet werden.
Frosthärte Die Mexikanische Limette ist bis etwa 0 °C kälteverträglich.
Standort & Überwinterung Im Sommer warm und sonnig. Im Winter ist vor allem ein warmer Wintergarten geeignet, in dem die Pflanzen befeuchtet werden sollten.
Schwierigkeitsgrad Bei der Mexikanischen Limette sollten bereits Erfahrungen mit Zitruspflanzen vorhanden sein.

Rangpur- oder Mandarinen-Limette

Citrus limon × Citrus reticulata

Wuchs Die Rangpur-Limette wächst aufrecht in einer ausgewogenen Form. Bleibt eher klein.
Blüten Sie sind erst violett, werden dann weiß.
Blätter Klein, dunkelgrün, typisch für Limetten. Mit mittelgroßen Dornen.
Früchte Die Früchte werden in der Reife und bei kühlen Temperaturen orange. Sie können zum Würzen verwendet werden, sind aber eher nicht für den direkten Verzehr geeignet.
Frosthärte Bis 0 °C kälteresistent.
Standort & Überwinterung Im Sommerstandort ist die Rangpur-Limette nicht anspruchsvoll, im Winter ist die Kalthausüberwinterung mit kühlen und hellen Temperaturen ideal.
Schwierigkeitsgrad Die Rangpur-Limette gehört zu den pflegeleichten Limetten und ist daher auch für Zitrus-Einsteiger geeignet.

Mittelmeer-Mandarine

Citrus deliciosa

Wuchs Kompakte Krone, bleibt aber bei einer kleinen bis mittleren Größe.
Blüten Klein, filigran, hellweiß, in Gruppen.
Blätter Schmal, lang und dunkelgrün. Keine Dornen.
Früchte Die Früchte entstehen aus den zahlreichen Blüten, werden aber nicht alle ausgebildet. Nach den ersten kühlen Nächten im Herbst und Winter verfärben sie sich orange. Die Größe hängt von den Temperaturen im Sommer ab.
Frosthärte Die Frosthärte der Mandarinen beschränkt sich auf wenige Minusgrade.
Standort & Überwinterung Keine besonderen Anforderungen an den Sommerstandort, im Winter am liebsten in einem kühlen und hellen Winterquartier zur Winterruhe.
Schwierigkeitsgrad Die Mittelmeer-Mandarine ist recht anspruchslos und daher auch für Zitrus-Einsteiger geeignet.

Calamondin

Citrus mitis

Wuchs Klein und kompakt, die Krone sollte durch einen moderaten Erziehungsschnitt in Form gehalten werden.
Blüten Die zahlreichen weißen Blüten erscheinen von Frühjahr bis Herbst, aber auch im Winter in Wohnräumen kann es zur Blüte kommen.
Blätter Klein und eher rundlich, das Laub ist dunkelgrün. Calamondin sind dornenlos.
Früchte Zahlreich, hellorange. Da die Früchte sauer sind, können sie nicht direkt verzehrt werden. Zum Würzen und für Marmelade geeignet.
Frosthärte Gute Frosthärte, wenige Minusgrade werden vertragen.
Standort & Überwinterung Kann drinnen und draußen gehalten werden. In der Wohnung besonders hell stellen, während der Heizperiode gelegentlich mit Wasser besprühen.
Schwierigkeitsgrad Pflegeleicht, eine ideale Zitruspflanze für Einsteiger.

Ovalfruchtige Kumquat

Fortunella margarita

Wuchs Langsam wachsend, klein bleibend. Wird als Hoch- und Halbstamm angeboten.
Blüten Reinweiß, klein und filigran.
Blätter Besonders dunkelgrün, schmal und spitz zulaufend. Dornen eher selten und klein.
Früchte Die ovalen Früchte werden mit der Schale verzehrt, sodass sich ein süß-saures und leicht bitteres Zitrusaroma entfaltet.
Frosthärte Kumquats gelten als frosthärter und können Frost bis –5 °C vertragen.
Standort & Überwinterung Je wärmer die Pflanze im Sommer steht, umso regelmäßiger ist die Blüte, im Winter kann die Kumquat auch in warmen Wohnräumen überwintern, wenn sie dort einen sehr hellen Platz erhält.
Schwierigkeitsgrad Die Kumquat ist pflegeleicht und robust, erfordert jedoch aufgrund der selteneren Blüte etwas mehr Geduld und Pflegeverständnis.

Limequat

Citrus aurantiifolia × Fortunella margarita

Wuchs Der Limequat ist ein klein bleibender, robuster Zitrusbaum von kräftigem Wuchs.
Blüten Sie ähneln denen der Kumquats und erscheinen in filigranem Weiß.
Blätter Die Blätter sind kleiner und wachsen an Zweigen mit sehr kleinen Dornen.
Früchte Zahlreich, oval, werden aber nicht orange, sondern gelb. Ihre Säure macht die Frucht zu einer tollen Zutat für Cocktails und andere fruchtige Rezepte.
Frosthärte Limequats vertragen nur Temperaturen bis zum Gefrierpunkt.
Standort & Überwinterung Im Frühjahr, Sommer und Herbst draußen sonnig und hell und im Winter drinnen kühl und hell.
Schwierigkeitsgrad Die Limequat ist eine robuste und pflegeleichte Alternative zu den wärmeliebenden Limetten.

Grapefruit

Citrus paradisi

Wuchs Die Grapefruit wächst als schöner Baum mit dichtem Laub.
Blüten Die Blüten wirken besonders kräftig und sind größer als bei anderen Zitrusarten.
Blätter Dunkelgrün, schmal und leicht geflügelt. Blattränder spitz. Dornen selten.
Früchte Sie sind vollrund und wachsen in Trauben. In der Reife sind die Früchte gelb oder rosa.
Frosthärte Die Frostverträglichkeit liegt bei wenigen Minusgraden, insgesamt brauchen Grapefruits viel Wärme und eine lange Reifezeit, damit die Früchte genug Süße erhalten.
Standort & Überwinterung Der Freilandstandort muss besonders sonnig sein – im Winter reicht ein kühles und helles Winterquartier wie etwa ein Kalt-Wintergarten.
Schwierigkeitsgrad Die Grapefruit ist eine gut zu pflegende Zitruspflanze, Voraussetzung für den Ernteerfolg ist ausreichend Sonnenschein.

Pampelmuse

Citrus maxima

Wuchs Großer und üppig belaubter Zitrusbaum.
Blüten Die Blüten sind überdurchschnittlich groß und reinweiß.
Blätter Geflügelt, größer als bei anderen Arten. Austrieb leicht flaumig, Dornen fehlen meist.
Früchte Sehr groß, Durchmesser 15 bis 20 cm. Die Frucht ist weniger rund als eine Grapefruit, eher abgeflacht oder üppig birnenförmig.
Frosthärte Normal, verträgt nur wenige Minusgrade.
Standort & Überwinterung Wärme ist das A und O, wie bei allen großfruchtigen Zitrusarten, da Wärme- und Lichtsumme das Größenwachstum der Früchte bestimmen. Das Winterquartier ist kühl und hell.
Schwierigkeitsgrad Wie bei der Grapefruit muss für ausreichende Wärme gesorgt werden, ansonsten ist die Grapefruit pflegeleicht.

Zedrat-Zitrone

Citrus medica, Syn. *Citrus × limonimedica*

Wuchs Strauchig und schnell wachsend.
Blüten Die Blüten sind weiß, die Knospen je nach Sorte weiß oder violett.
Blätter Die Blätter sind lang, leicht faltig und eher hellgrün. Die Pflanze ist dornig.
Früchte Sie können mit bis zu 2 kg Gewicht sehr groß werden und sind immer dickschalig. Der Anteil an Fruchtfleisch ist gering.
Frosthärte Die Zedrat-Zitrone verträgt nur wenige Grade Frost.
Standort & Überwinterung Im Sommer sollte er sonnig und warm sein, im Winter hell und kühl, dabei ist eine Überwinterungstemperatur um 10 °C günstiger und beugt Blattfall vor.
Schwierigkeitsgrad Die Zedrat-Zitrone neigt im Winter zu Blattfall und darf nicht übergossen werden. Für die Kultivierung der Zedrat-Zitrone sind erste Zitruserfahrungen hilfreich.

Rote Zitrone

Citrus limonimedica 'Pigmentata'

Wuchs Sie wird als Halb- oder Hochstamm mit einer ausgewogenen Krone angeboten.
Blüten Zahlreich im Frühjahr, duften ähnlich aromatisch wie später die Früchte.
Blätter Dunkelgrün und spitz zulaufend, dabei weniger lang wie die der Zedrat-Zitrone, aber ähnlich dornig.
Früchte Zahlreich, färben sich in der leicht runzeligen, dicken Schale gelb, orange und rot.
Frosthärte Die Rote Zitrone verträgt nur wenige Minusgrade.
Standort & Überwinterung Im Sommer sonnig, warm und geschützt. Im hellen Winterquartier liegt die optimale Temperatur eher bei 10 °C als bei 5 °C, um Blattfall vorzubeugen.
Schwierigkeitsgrad Vor allem im Winter etwas anspruchsvoller, dann zeigt sie die einzigartigen Fruchtfarben. Erfahrungen mit der Kultur von Zitronen und Orangen sind hilfreich.

Buddhas-Hand-Zitrone

Citrus medica 'Sarcodactylis', 'Digitata'

Wuchs Aufrecht und eher langsam.
Blüten Aus ihren zunächst violetten, dann weißen Knospen werden üppige Blüten mit wunderschönen, dunkelgelben Staubblättern.
Blätter Die Blätter sind länglich und an der Spitze rund. Sie besitzt längere und starke Dornen.
Früchte Ihre bizarren Früchte sind ein Hingucker, keine Frucht gleicht der anderen.
Frosthärte Nicht frostverträglich.
Standort & Überwinterung Im Sommer brauchen Buddhas-Hand-Zitronen besonders warme Standorte z. B. vor einer die Wärme speichernden Terrassenwand. Im Winterquartier kommt es häufiger zu Blattfall, daher sollte das Winterquartier eher 10 als 5 °C haben.
Schwierigkeitsgrad Die wärmeliebende Pflanze neigt zum Blattverlust, sodass ein Übergießen wahrscheinlicher ist. Erste Erfahrungen mit Zitruspflanzen sind also von Vorteil.

Pomeranze

Citrus aurantium

Wuchs Groß, kräftig und üppig, im Mittelmeerraum häufig als Straßenbaum.
Blüten Die Blüte ist reinweiß und stark duftend.
Blätter Die Blätter sind geflügelt und dunkelgrün, die Pflanze trägt Dornen.
Früchte Erst grün und in der Reife bei kühlen Temperaturen hellorange. Die Früchte können zum Würzen oder für Orangenmarmelade verwendet werden.
Frosthärte Frosthart bis zu –6 °C, kann in sehr milden Gegenden mit Schutz draußen überwintern. Eine Akklimatisierung junger Pflanzen ist hilfreich.
Standort & Überwinterung Benötigt einen sonnigen Standort im Sommer und im Winter ein kühles, helles Winterquartier. Insgesamt robuster und pflegeleichter als viele Kultursorten.
Schwierigkeitsgrad Sehr pflegeleichte, dekorative und dankbare Einsteigersorte.

Australische Fingerlimette

Microcitrus australasica

Wuchs Die Fingerlimette ist ein sperrig wachsender, dorniger Busch, dessen Laub etwas lichter ist als bei anderen Zitrusarten.
Blüten Die Blüten sind klein, weiß und erscheinen einzeln.
Blätter Die kleinen Blätter sind ledrig, die Pflanze hat viele kleine Dornen.
Früchte Sie sind lang und fingerförmig und haben ein attraktives, in der Konsistenz kaviarähnliches Fruchtfleisch.
Frosthärte Kälteresistenz besteht nur bis zum Gefrierpunkt.
Standort & Überwinterung Im Sommer von allen Seiten sehr hell, im Winter kühl bei 5 bis 10 °C hell.
Schwierigkeitsgrad Die Fingerlimette benötigt viel Licht, Pflege und Zuwendung.

Chinotto

Citrus myrtifolia

Wuchs Wächst langsam und kann daher auch als Zwergform oder Bonsai kultiviert werden.
Blüten Hellweiß, erscheinen zahlreich vor einem Fächer aus dunkelgrünen Blättchen.
Blätter Die dunkelgrünen Blätter verleihen der Chinotto ihr edles Aussehen, das seinen Höhepunkt bei gleichzeitiger Blüte und reifen Früchten erfährt. Dornen kommen nicht vor.
Früchte Mandarinengroß und leicht abgeflacht. Zum direkten Verzehr nicht geeignet.
Frosthärte Wie allen Pomeranzen wird der Chinotto eine weitgehende Frosthärte von bis zu −5 °C zugesprochen.
Standort & Überwinterung Die Chinotto ist anspruchslos beim Sommerquartier, sollte jedoch im Winter kühl und hell stehen.
Schwierigkeitsgrad Die Chinotto ist eine besonders pflegeleichte und dankbare Zitruspflanze für Einsteiger und fortgeschrittene Sammler.

Kucle

Fortunella margarita × Citrus clementina

Wuchs Die Kucle wächst aufrecht und kompakt.
Blüten Ihre Blüten sind klein, filigran und reinweiß.
Blätter Die Kucleblätter sind dunkelgrün und eher schmal. Dornen sind selten.
Früchte Die orangefarbenen Früchte sind oval, aber größer als die Kumquatfrucht.
Frosthärte Die Kucle verträgt wenige Minusgrade.
Standort & Überwinterung Im Sommer ist ein vollsonniger und besonders warmer Standort ideal. Im Winter ist das Winterquartier hell. Im Gegensatz zum Kumquat ist die Kucle nicht als Zimmerpflanze geeignet.
Schwierigkeitsgrad Die Kucle ist eine pflegeleichte Zitruspflanze und daher für Einsteiger geeignet.

Lipo

Citrus limon × Citrus paradisi

Wuchs Sie wächst stark und aufrecht.
Blüten Die kräftig wirkenden Blüten erscheinen mehrmals jährlich und wachsen „in Trauben".
Blätter Ihre Blätter sind intensiv grün und besitzen eine abgerundete Blattspitze. Die Pflanze hat vergleichsweise viele Dornen.
Früchte Die gelben Früchte sind groß, gelb und rund.
Frosthärte Die Frostverträglichkeit liegt bei wenigen Graden unter 0 °C.
Standort & Überwinterung Der Standort für die Lipo sollte sonnig und hell sein, im kühlen Winterquartier sollte es ebenfalls hell sein.
Schwierigkeitsgrad Die Lipo ist eine attraktive und pflegeleichte Sorte, die sowohl als Zierpflanze, aber auch für die Fruchtproduktion eingesetzt werden kann.

Winterharte Zitruspflanzen

Es gibt es nur eine in Mitteleuropa vollständig winterharte Zitruspflanze, die „Dreiblättrige Orange“. Aber dort, wo es milder ist, können auch bedingt winterharte Zitruspflanzen wie die Yuzu draußen überwintern. Die Früchte und der Saft der Yuzu sind als begehrte Zutat aus der japanischen Küche nicht mehr wegzudenken, umso erfreulicher ist es, dass diese Zitrusart bedingt winterhart bis −10 °C ist. Die exotische Zitruspflanze ist eine Kreuzung aus einer Ichang Papeda und einer Mandarine.
Eine weitere, ausgesprochen frostverträgliche Art ist die Dreiblättrige Orange. Ein besonders schönes Exemplar befindet sich vor dem Botanischen Garten in Hamburg. Daher wird sie auch als „Hamburger Orange“ bezeichnet. Diese winterharte Zitrusverwandte, die einzige Art der Gattung *Poncirus*, dient auch in vielen Baumschulen als Veredelungsunterlage für die zahlreichen Kultursorten der Gattung *Citrus*. Dreiblättrige Orangen sind aufgrund des herben Geschmacks nicht genießbar, dafür aber sehr dekorativ. Vor allem, wenn die Früchte noch grün sind, bilden sie mit ihrer samtigen Oberfläche einen schönen Farbaspekt in jedem mediterranen Garten. Besonders große *Poncirus*-Pflanzen findet man im Botanischen Garten in Bonn und vor dem Botanischen Garten in Hamburg.

Die Dreiblättrige Orange gehört zu den wenigen, wirklich winterharten Arten für einen mediterranen Garten.

Winterschutz? Wenn, dann richtig!

Ein Schutz vor Kälte ist in hiesigen Gefilden nur bedingt möglich. Auf keinen Fall sollten Sie die Pflanzen in Luftpolsterfolie packen, darunter kommt es zu Hitzestau bei Sonne und Schimmel durch die Feuchtigkeit. Besser sind dicke Vliese, die Wind und Wintersonne abhalten.

Tipp

Der Saft der Yuzu ist eine wertvolle Zutat in der japanischen Küche. Das Aroma des Yuzu-Saftes ist besonders exotisch und vereint Geschmacknoten von Mandarine, Limette und Zitrone. Yuzu-Saft wird in Japan zum Würzen von Fleisch und Fisch verwendet.

Yuzu

Citrus junos

Wuchs Die Pflanze wächst in den ersten Jahren langsam als Busch oder als Hochstamm.
Blüten Klein und weiß.
Blätter Charakteristisch sind die zweiteiligen Blätter und sehr langen Dornen. Beim Umtopfen oder Schneiden feste Handschuhe tragen.
Früchte Die Frucht ist mandarinenähnlich, aber an der Spitze eingebuchtet. Ihre Schale ist dick, daher ist die Saftausbeute eher gering.
Frosthärte Bedingt winterhart bis –12 °C. Bei niedrigen Temperaturen kommt es zu Blattfall.
Standort & Überwinterung Die Pflanze hat im Sommer und im Winter keine besonderen Anforderungen an die Standorte. Nördlich der Alpen kann in milden Regionen wie etwa den Flusstälern ein Auspflanzen erwogen werden.
Schwierigkeitsgrad Als bedingt winterharte Zitruspflanze bereitet die Yuzu weniger Pflegeaufwand als nicht frostharte Verwandte.

Dreiblättrige Orange

Poncirus trifoliata

Wuchs Kleinbaum mit vielen Dornen und Verzweigungen. Eher langsam wachsend.
Blüten Die Blüten sind reinweiß und haben große, flügelförmige Blütenblätter.
Blätter Die Blätter besitzen eine dreiblättrige Lilienform und sind eher hellgrün, die Dornen leicht hakenförmig. Laubabwerfend.
Früchte Mandarinengroß und im grünen Zustand mit samtiger Schale. Später im Jahr färben sich die Früchte gelb, bleiben aber wegen ihrer Säure und der Bitterstoffe ungenießbar.
Frosthärte Gilt als winterhart bis –25 °C, in besonders kalten Lagen und nach dem Auspflanzen sollte ein Winterschutz erfolgen.
Standort & Überwinterung Ganzjährig im Garten.
Schwierigkeitsgrad Da *Poncirus trifoliata* ausgepflanzt werden kann, ist sie besonders pflegeleicht.

Nützliche Adressen
Bezugsquellen

Meine Orangerie
Rheinstraße 205
50321 Brühl
Telefon: 02232 / 9 62 77 82
www.meine-orangerie.de
— Meine Orangerie hat sich auf Zitrus- und Orangeriepflanzen spezialisiert und berät Kunden und Zitrusbesitzer zu allen Pflegefragen bei Zitrone, Orange und Co. Meine Orangerie präsentiert im Onlineshop neben einer Vielzahl von Zitrusarten auch Produkte und Dienstleistungen zur Überwinterung von Pflanzen. Im Orangerieblog und im Newsletter „Der Orangeriebote" werden viele interessante Pflege- und Gestaltungstipps rund um den mediterranen Zitrusgarten gegeben.

Gärtnerei Monika Bender
Augsburger Str. 515
70327 Stuttgart
Telefon: 0711 / 3 80 88 42
www.gaertnerei-bender.de
— Im Stuttgarter Raum bietet die Zitrus- und Kräutergärtnerei von Monika Bender eine große Auswahl an Zitruspflanzen in Bioqualität.

Südflora Peter Klock
21514 Witzeeze
Telefon: 040 / 8 99 16 98
www.suedflora.de
— Im Norden Deutschlands ist die Baumschule der Familie Klock die Instanz in Sachen Zitrus. Zahlreiche Veröffentlichung von Peter, Monika und Torsten Klock zum Thema Zitrus zeigen die besondere Kompetenz des Südflora-Teams.

Die Königsgütler
Königsgütler 5
84072 Au in der Hallertau
Telefon: 08752 / 12 38
www.koenigsguetler.de
— Als ausgewiesene Experten sind Maria Sansoni, Roland Köchel und ihre Gärtnerei die erste Anlaufstelle für Kübelpflanzen und Wintergarten-Bepflanzungen im Süden Deutschlands, vor allem wenn es um Zitrus- und Orangeriepflanzen geht.

Flora Toskana
Schillerstraße 25
89278 Nersingen
Telefon: 07308 9283387
www.flora-toskana.de
— Ein besonders reichhaltiges Angebot mediterraner und tropischer Pflanzen, darunter natürlich auch Zitrus, findet sich bei Flora Toskana in Nersingen bei Neu-Ulm.

Lubera GmbH
Im Vieh 8
26160 Bad Zwischenahn OT Ekern
Telefon: 04403 / 9 84 75 90
www.lubera.com
— Lubera ist eine Obst- und Beeren-Baumschule mit Produktionsstätten im schweizerischen Buchs sowie Bad Zwischenahn im Ammerland. Dort werden auch neue Pflanzensorten gezüchtet. Neben heimischen Obstarten gehören auch Zitronen, Orangen, Feigen, Kiwi und andere mediterrane und exotische Obstpflanzen sowie Gartenzubehör zum Sortiment. Mit eigenem Videokanal: gartenvideo.com

Nützlinge

e-nema
Gesellschaft für Biotechnologie und biologischen Pflanzenschutz mbH
www.e-nema.de

Katz Biotech AG
www.katzbiotech.de

W. Neudorff GmbH KG
www.neudorff.de

re-natur GmbH
www.re-natur.de

Sautter & Stepper GmbH
www.nuetzlinge.de

Weiterführende Literatur

— Beltz, Heinrich: **Zitruspflanzen** – Erfolgreiche Anzucht und Pflege. Quelle & Meyer, 2017
— Ceron, Michael: **Zitronen: Essbare Freunde**. Ampuls Verlag, 2022
— Honegger, Mina und Andreas: **Das kleine Buch der Zitruspflanzen** – Herkunft & Botanik, Kunst & Kultur, Pflege & Genuss. Elisabeth Sandmann Verlag, 2017
— Klock, Monika und Thorsten: **Zitruspflanzen** – Zitrus, Orangen, Kumquat & Co. blv. 2015
— Klock, Peter: **Das große Ulmer-Buch der Zitruspflanzen.** Ulmer, 2007
— Page, Martin: **Growing Citrus – How to grow citrus trees in containers, conservatories, and the open garden.** Timber Press, 2008

Register

Hervorgehobene Seitenzahlen verweisen auf Abbildungen.

Bildnachweis

Mit 105 Farbfotos von:

Flora Press Agency, Hamburg (5): /Villa Reale 21 li, /Meyer-Rebentisch 17, /Sally Tagg 33, /Visions 9 beide. **GAP Photos** (4): 30 re, 38, /John Swithinbank 54 li, 25 li. **Große Holtforth, Dominik, Brühl** (38): 30 li, 32 beide, 35, 40, 41 u, 44, 45, 49 beide, 50, 51 beide, 53, 54 re, 55 beide, 62 re, 64 beide, 65 beide, 66 beide, 67 re, 68 beide, 69 beide, 70 beide, 71 re, 72 beide, 73 beide, 75 , 77, /Wolfgang Friebel 14. **Shutterstock** (23): 3 re, 6 beide, 7 beide, 8, 26, 27, 31 re, 34 beide, 36, 52, 57, 58, 59 o, 60/61, 62 li, 63 beide, 67 li, 71 li, 74. **StockFood, München** (1): /**Gareth Morgans** 59 u. **Strauß, Friedrich, Au-Hallertau** (22): U2, 2, 3 li, 4/5, 11, 13 beide, 18, 19, 21 re, 22, 25 re, 28/29, 31 li, 37, 39, 41 o, 42 beide, 43 alle 3.

Impressum

Umschlag- und Klappengestaltung von Gramisci Editorialdesign/Stefanie Wawer, München unter Verwendung eines Farbfotos von Flora Press Agency, Sabrina Rothe (Umschlagvorderseite), eines Farbfotos von Shutterstock/Iness_la_luz (Umschlagrückseite), eines Farbfotos von Shutterstock/locrifa (vordere Innenklappe) sowie zwei Farbfotos von Alexander Walter (hintere Innenklappe).
Mit 105 Farbfotos.

Gedruckt auf chlorfrei gebleichtem Papier

ISBN 978-3-440-16729-8
Projektleitung: Carolin Küßner
Redaktion und Bildredaktion: Kullmann & Partner GbR, Stuttgart, Carolin Küßner
Gestaltungskonzept: Gramisci Editorialdesign, München
Gestaltung und Satz: DOPPELPUNKT, Stuttgart
Produktion: Klaus Jost
Druck und Bindung: Westermann Druck Zwickau GmbH, Zwickau
Printed in Germany / Imprimé an Allemagne

FSC
www.fsc.org
MIX
Papier | Fördert gute Waldnutzung
FSC® C110508